Lo que toda MAMÁ debe saber de sus HIJOS PEQUEÑOS

Gloriana Montero

LO QUE TODA MAMÁ DEBE SABER DE SUS HIJOS PEQUEÑOS
e625 - 2024
Dallas, Texas
e625 ©2024 por Gloriana Montero

Todas las citas Bíblicas son de la Nueva Traducción Viviente (NTV) a menos que se indique lo contrario.

Editado por: **María Gallardo**
Diseño interior y adaptación de portada: **Bárbara Soriano**

RESERVADOS TODOS LOS DERECHOS.

ISBN: 978-1-946707-15-4

IMPRESO EN ESTADOS UNIDOS

Contenido

Agradecimientos

A mi hija, Victoria, quien desde mi vientre me enseñó el verdadero significado de vivir en entrega a los demás, me llevó a estar más de rodillas, y reveló tantos aspectos de mí que ni yo misma conocía. ¡Estoy tan agradecida a Dios por darme el privilegio de ser tu mamá! ¡Gracias por hacer mis días más brillantes!

A mi esposo, Danilo, quien siempre me ha afirmado en la tarea de ser mamá. Gracias por la confianza que pones en mí. Realmente me haces sentir segura. Gracias por apoyarme mientras escribía este libro. Y gracias porque, además de todo lo maravilloso que eres... ¡encima cocinas muy bien!

A mi madre, Gloria, quien siempre ha sido una inspiración para mí. Gracias por estar siempre ahí cuando te necesito. Gracias por enseñarme sabiduría, por contagiarme con tu espíritu fuerte y alegre, y, sobre todo, por moldearme con tu amor.

A cada mamá que es también una amiga porque me ha brindado su consejo. Gracias a todas aquellas mujeres que saben que las admiro y que deseo ver en mis hijos lo que veo en los suyos. ¡Buen trabajo! No solo sus hijos se levantan a alabarlas, sino que hay toda una sociedad que urgentemente las necesita.

A mi amado Señor, quien me da fuerza en la debilidad, sabiduría en los tiempos oscuros, y esperanza de que Él cumplirá su propósito en mí y en los míos. ¡Gracias porque realmente puedo descansar en ti!

El amor de una madre es un tesoro que perdura para siempre y deja una huella imborrable en nuestras vidas

Prólogo
por Danilo Montero

El 23 de diciembre de 2010 a la 1:14 a.m. nuestras vidas cambiaron para siempre con la llegada de Victoria. Habíamos terminado el curso de parto natural la noche anterior, y a manera de celebración le preparé a Gloriana un baño caliente con sales, sin saber que aquello induciría sus labores de parto. Así que el día siguiente amanecí con mi esposa sintiéndose muy enferma y con fiebre. Luego de muchas horas en el hospital, la doctora entró al cuarto para anunciarnos que tendría que sacar a la niña en su octavo mes. Todavía puedo
recordar lo que pensaba y sentía mientras miraba cómo preparaban a mi esposa. ¡Había llegado el momento!

En cuestión de minutos me pusieron en las manos a mi hija recién nacida. Gloriana, sedada como estaba, me preguntaba cómo era la niña, y yo enloquecido de felicidad le respondía que era hermosa. Nos introdujeron a la paternidad así no más. Y ese día Gloriana comenzó una carrera que no termina. La de descubrir qué significa ser mamá y cómo esa realidad se vive en el día a día.

Aprender cómo se cuida a un ser tan tierno es solo el inicio. Ellos abren los ojos por primera vez poco tiempo después del parto, y desde ese momento nosotros los mantenemos muy abiertos para descubrir quién es realmente ese ser que reposa en nuestro regazo.

Al convertirte en padre, o en madre, de repente ves cómo aquello que viviste como hijo o hija, lo que viviste como parte de una familia, lo que has experimentado en otras áreas de tu vida, y lo que crees, ahora todo se conjuga para tratar de darle forma a una persona. Y, aunque a veces los padres comparamos a un niño con barro moldeable que, como alfareros, tenemos que «formar», no podemos dejar de asombrarnos ante la realidad de que ese «barro» ya trae cualidades y gustos personales, y

un temperamento y otros rasgos que no está dispuesto a soltar porque son parte de sí mismo.

Mi suegra nos lo explicó muy bien al decirnos que ser padres tiene que ver con formar a nuestros hijos sin quebrarlos. Debemos aprender a darles forma de acuerdo a lo que consideramos bueno, correcto y, más que nada, lo que glorifica a Dios, y a la vez respetar la esencia de ese ser que nos ha sido confiado por El.

La maternidad de Gloriana es un viaje que he podido presenciar y disfrutar de primera mano, y que ahora ella comparte contigo a través de este libro. Gloriana conjuga ese balance entre un corazón profundamente enamorado de su hija, la firmeza y claridad de carácter de una líder, y la sed insaciable de una estudiante devota al tema de la maternidad, siempre cuestionando y leyendo sobre cómo hacerlo mejor. Pero más que nada, ella es un ejemplo de alguien que se ha comprometido al cien por ciento con esa tarea. Tarea que tiene retos indecibles, y un conjunto ineludible de aciertos y desaciertos en el camino.

Estas páginas registran los conceptos y lecciones aprendidas en el viaje de Gloriana como madre, y que atañen a niños desde los 0 hasta los 12 años de edad. Se incluyen temas que van desde la disciplina, hasta la devoción a Dios; desde la enseñanza de principios y valores, hasta el manejo de cuestiones como la identidad y la sexualidad.

Confío en que a lo largo de este libro encontrarás herramientas para seguir desarrollando de la mejor manera la noble tarea de ser madre: de una manera que honre a Dios y dé frutos abundantes en las vidas de tus hijos.

Introducción

Vivir el milagro de la gestación y el nacimiento de un bebé es quizás el privilegio más grande que el Señor nos haya dado a las mujeres. La maternidad nos intercepta en un momento de la vida y se queda para siempre. Ya nunca seremos las mismas.

Una vez alguien dijo: «Los hijos son los causantes de las más grandes alegrías, pero también de las más grandes angustias». Y es que el corazón de una madre sueña con ver a sus hijos realizados en bienestar, y lo desea tanto que no le importa sacrificar sus propios sueños por los de ese ser que, aunque ya no vive en su vientre, vivirá por siempre en su corazón.

¿Lo estaré haciendo bien? Esta es una pregunta que constantemente nos hacemos las mamás. Las dudas y los cuestionamientos son necesarios para volver a revisar los métodos que estamos empleando, para decidir las cosas que queremos implementar o cambiar, y para indagar y buscar información real y efectiva sobre cómo hacer mejor nuestro trabajo.

La tarea de formar las vidas de nuestros pequeños de una manera integral, sólida y saludable tiene muchos matices y elementos que debemos vigilar y controlar. Así como decidimos ofrecerles un menú alimenticio balanceado, y nos esforzamos por escoger lo mejor frente a tantas opciones de comida, así también vamos las madres por el supermercado de la vida escogiendo, entre tanta variedad, lo que nosotras creemos que es necesario, importante, provechoso o irreemplazable para el desarrollo integral de nuestros hijos.

En lo que hace al desarrollo físico tenemos el respaldo y la asesoría de los médicos que miden y controlan regularmente el crecimiento saludable de nuestros hijos. Pero, ¿quién nos ayuda a medir el crecimiento balanceado en sus emociones, en su identidad y en su carácter? ¿Quién nos dice cuáles son los estándares de saludables en estas áreas? Tal vez nos daremos cuenta de que algo anda mal cuando se haga evidente en un comportamiento que quizás pudimos haber evitado si hubiéramos intervenido un tiempo antes.

Frente a todas estas preguntas, y persiguiendo el deseo de compartir con otras mamás algunas de las cosas que he aprendido a lo largo de este hermoso pero desafiante camino de la maternidad, es que nació la idea de escribir este libro. Agradezco al Dr. Lucas Leys y a su iniciativa de Especialidades 625 por confiar en que yo podía aportar algo a su visión de formar a esta generación entre los 6 y 25 años de edad.

Mi aporte, en realidad, será «indirecto». Este libro está dirigido a las madres, que son las formadoras más importantes de la nueva generación. Aquellas que acarician, abrazan, y educan diariamente a los niños y adolescentes que están en esas edades.

El tiempo para sentar las bases que sostendrán las vidas de nuestros hijos se limita a los diez primeros años a partir del nacimiento. Esa es la etapa durante la cual el cuerpo, la psiquis y el corazón están en plena formación y son aún moldeables. Además, esos son los años en los que los niños consideran a sus padres como la referencia número uno de sus vidas. Cuando entren a la adolescencia, eso cambiará. Por eso, nuestro trabajo como mamás a lo largo de estas 520 semanas tiene que ser enfocado e intencional. Ese es el lapso de mayor influencia que tendremos en toda la vida de nuestro hijo. La posibilidad de formarlos que se nos concede durante estos años nunca más volverá a ser igual.

Es mi deseo que este libro te proporcione herramientas que tú puedas implementar en tu vida y en la vida de tu hijo. Aquí encontrarás información sobre cómo ayudarle a ser más seguro con la persona que Dios lo diseñó para que fuera, a tener una sexualidad sana, a formar su carácter como una persona de Dios, a establecer una fe firme, y a entender el propósito de la disciplina, entre otros temas. Todo esto, por supuesto, enmarcado en los principios de la Palabra de Dios.

Te aliento a que decidas llevar con Jesús esta enorme responsabilidad que significa ser madre. Él promete darte descanso y enviar al Espíritu Santo para que te ayude, cualquiera que sea tu necesidad. ¡Espero que te llene de esperanza el saber que en esta preciosa y ardua tarea no estás sola, porque Él está contigo siempre!

Capítulo 01

MAMÁ FELIZ, HOGAR FELIZ

«Tus hijos serán como vigorosos retoños de olivo alrededor de tu mesa. Esa es la bendición del Señor para los que le temen.»
Salmo 128.3-4

Hace unos cuantos años escuché un dicho gracioso pero bastante cierto: «Si la mamá está feliz, todos en la casa están felices. Si la mamá no está feliz... ¡a esconderse todo el mundo!»

Las madres somos llamadas «el corazón del hogar». Se nos ha dado la capacidad de velar por el bienestar integral de los miembros de la casa. Cuidamos que la familia permanezca unida, y que cada uno crezca de manera equilibrada. Las madres somos las primeras en levantarnos y las últimas en acostarnos; trabajamos dentro y fuera de la casa; comemos último, a menudo de pie, y otras veces directamente nos «saltamos» algunas comidas.

El corazón de una madre es sacrificial. Se entrega por sus hijos, por su hogar, aunque muchas veces no se dé cuenta que en el camino se sacrifica ella misma.

ORDENANDO LAS PRIORIDADES

En las últimas décadas, la mujer ha ido ganado posiciones y respeto en ambientes laborales que requieren de una gran dedicación y compromiso. Esto ha traído muchos beneficios a nivel del desarrollo personal y financiero, pero también ha puesto a algunas madres «entre la espada y la pared», sobre todo cuando el trabajo se interpone entre ellas y su deseo de estar más tiempo con sus hijos.

Ante esta realidad, debemos aprender a tomar decisiones que proporcionen un sano equilibrio a nuestras vidas. Buscar sabiduría en esto es primordial, porque hay ciertas tareas en las que puedes ser perfectamente reemplazada, pero en el corazón de tus hijos no hay nadie como tú, y nadie puede hacer lo que solamente tú puedes hacer por ellos.

> **¡Al dedicarte a tus hijos estás invirtiendo en algo que nadie va a poder robarte jamás, ni a ti, ni a ellos!**

Una de las grandes mentiras que muchas veces abrazan las mujeres es: «Dedicarme a mis hijos es perder el tiempo. Con mi capacitación y mis talentos, podría estar haciendo cosas más productivas.» ¡No, al contrario! ¡Al dedicarte a tus hijos estás invirtiendo en algo que nadie va a poder robarte jamás, ni a ti, ni a ellos!

Me gustó mucho el comentario que hizo el reconocido pastor y consejero Wayne Cordeiro en su libro *«Andando con el tanque vacío»*, cuando apuntaba, que en cuanto a ordenar las prioridades, nuestra guía debe ser la siguiente: «tenemos que afrontar aquello que solo nosotros podemos realizar». Brian Dyson, exjefe de operaciones de Coca-Cola, dio el discurso de graduación en la Universidad de Georgia Tech, en 1996. En su discurso, hizo una analogía en la que explicaba cómo diferenciar qué es lo más importante en la vida. Él dijo: «Imagina la vida como un juego en el que haces malabares con cinco pelotas en el aire (...) trabajo, familia, salud, amigos y espíritu. Tú las mantienes a todas en el aire. Pronto comprenderás que el trabajo es una pelota de goma. Si se cae, rebota. Pero las otras cuatro pelotas -familia, salud, amigos y espíritu- están hechas de vidrio. Si se te cae una de ellas, se rayará o se despedazará de forma irremediable. Nunca serán las mismas. Debes entender eso, y hacer arduos esfuerzos por alcanzar un equilibrio en tu vida.»

La visión de Dios, tanto para los hombres como para las mujeres, es que prosperemos en todo, así como prospera nuestra alma... ¡no a costa de nuestra alma! Y, como dije antes, para lograr ese equilibrio vamos a necesitar mucha sabiduría, para poder tomar las decisiones y hacer las negociaciones y ajustes que permitan que todos en casa florezcamos de la forma que leemos en el Salmo 128.

ES CUESTIÓN DE TIEMPO

La ventana de oportunidad que tenemos para influenciar en la vida de nuestros hijos se limita básicamente a un período de 10 años. Desde los cero hasta los diez años de edad es cuando los niños crean los vínculos más fuertes, cuando su identidad se establece, cuando su autoestima se configura como débil o fuerte, cuando descubren para qué son buenos, cuando se forma su carácter, y cuando establecen hábitos saludables para ser personas exitosas el día de mañana, o no.

Por lo tanto, sabiendo esto, nuestro trabajo debe ser *muy* intencional, cuidando que estemos cubriendo tanto sus necesidades físicas como las mentales, emocionales y espirituales, para asegurarles así un desarrollo integral saludable.

¡PREPÁRATE!

Antes de iniciar un viaje en avión, las azafatas siempre explican a los pasajeros cuáles son los procedimientos de seguridad en caso de que ocurriera alguna emergencia. Una de las emergencias posibles en los aviones es que haya una despresurización de la cabina. Esto sucede cuando el sistema de bombeo de aire deja de funcionar. A más de 10 mil pies de altura, toda persona necesita oxígeno adicional; por eso, en caso de que el sistema general de bombeo de aire falle, caerán unas máscaras especiales sobre cada pasajero para brindarle el oxígeno necesario.

Las instrucciones de seguridad pretenden, entonces, prepararnos. Al hacernos conscientes de los posibles acontecimientos, ya no somos personas «necias o insensatas», sino que nos preparamos para afrontarlos. El conocimiento es clave para los momentos de crisis.

Lo que siempre me ha llamado la atención es que en todas las aerolíneas la instrucción para las madres es la misma: «Póngase usted primero la mascarilla, y después colóquesela a los niños.» Parece contraintuitivo, ¿cierto? Sin embargo, esta instrucción nos revela una gran verdad: Si usted, como mamá, se encuentra bien, entonces podrá ayudar a los pequeños, ¡y no a la inversa!

Antes de ser mamás, todas las mujeres tenemos ciertos ideales respecto de cómo nos vamos a desempeñar en esta hermosa tarea. Soñamos con sostener en brazos a nuestros bebés, con amamantarlos, con vestirlos con gorros, lazos y corbatines... pero la verdad es que poco pensamos en los grandes desafíos que son inherentes a la maternidad (¡o tal vez los ignoramos aún!), como el cansancio que se siente al estar un mes entero sin dormir lo necesario, o el dolor y las heridas al amamantar, o los reflujos gástricos, o los berrinches, las caídas, las idas a los hospitales, las enfermedades, etc., etc.

Es cierto que, así como cada embarazo es único, así lo es también cada parto y cada proceso de crecimiento. Sin embargo, he notado una actitud generalizada entre los cristianos de rechazar o negar que puedan existir complicaciones. Por supuesto que no estoy diciendo que no vayamos a orar pidiendo que todo salga de la mejor manera. Pero es errado creer que, por el solo hecho de ser cristianos, no vamos a tener jamás ningún problema o complicación. Lo que sí es cierto es que en medio de cualquier problema o desafío el Señor nos dirá: «No temas, yo estoy contigo». ¡Él promete estar con nosotros todos los días, los buenos y los malos!

¡Él promete estar con nosotros todos los días, los buenos y los malos!

Pero la verdad es que en la vida, como en el avión, mientras más informadas estemos, más podremos prepararnos. Por eso es que existe literatura que de alguna manera te «entrena» para la tarea. Para mí fueron de gran ayuda los libros que me informaron acerca del embarazo y de los primeros meses del bebé. Me ayudaron a entender lo que era normal, y lo que no, durante este tiempo.

Así que, sí, es posible que tengamos complicaciones a la hora del parto, que suframos de depresión post-parto, que nuestros hijos nazcan con ciertos problemas de salud o con algún síndrome... Pero ante cualquier situación o diagnóstico, la verdad es que no estamos solas, y que somos más que vencedoras porque el que está a nuestro lado es mucho más grande que nosotras y que cualquier situación que nos toque atravesar.

Poco antes de tener a nuestra hija Victoria, estuve muy cercana a una amiga que estaba esperando su primer hijo. Ella, aun siendo esposa de un médico anestesiólogo, decía que no iba a pedir la epidural porque ella creía que Cristo había llevado todos sus dolores en la cruz, incluyendo los del parto. En Estados Unidos, es necesario pedir esta anestesia antes del parto, para programar el médico y el equipo. Si no lo programas con anterioridad, es posible que tarde mucho tiempo en llegar el médico cuando lo necesites. ¡El esposo de mi amiga estaba viviendo el colmo de un anestesiólogo! Sin embargo, con mucho cariño, él le advertía que el parto natural era algo muy doloroso, y le recomendaba tener a la mano la anestesia, por si acaso. Pero ella seguía firme en su creencia... hasta que llegó el gran día. Cuando las contracciones empezaron a ser cada vez más dolorosas, ella gritaba pidiendo la anestesia... pero como no la había pedido con antelación, para cuando el anestesiólogo de turno llegó, ella ya estaba tan dilatada que no pudieron colocársela. Cuando fui a visitarla después del parto, lo primero que me dijo fue: «Glory, cuando te toque, ¡ni se te ocurra no pedir la anestesia!».

También he escuchado a mujeres, incluso pastoras, contarme lo terrible que fue sufrir de depresión post-parto. Algunas solo lloraban y sentían una gran tristeza que duró por varios meses. Otras no pudieron alzar a sus bebés por casi un mes, mas que para alimentarlos. Otras estuvieron durante un tiempo en un rincón de su cama, incluso sin querer bañarse. Pero lo más triste de todo fue escuchar que varias de ellas fueron juzgadas por la gente de la iglesia «porque no era posible que una cristiana pasara por eso». ¡Qué terrible! Yo pienso que quizás la principal causa de esta mala actitud sea la ignorancia, porque no todo el mundo sabe que la depresión post-parto tiene su origen en una condición física. Cuando el bebé ya no está dentro, el cuerpo pasa por una etapa de ajuste hormonal, y por ello muchas veces es necesario pedir la ayuda de un médico para regular lo más pronto posible nuestro cuerpo.

Como dije antes, no podemos garantizar que todo va a ser de la forma que esperamos. Pero sí debemos estar preparadas, y rodearnos de personas sabias y capacitadas para cualquier situación que nosotras no sepamos enfrentar. Personas que nos contengan, y que nos den ánimo para pasar de la mejor manera posible los días difíciles.

Recuerdo que antes de dar a luz a Victoria, una amiga me dijo que los primeros meses iban a ser muy duros, y que el cansancio iba a ser extremo. Pero la buena noticia que me dio fue ¡que pasaban rápido! Ella me dijo: «Simplemente aguanta los primeros tres meses. Ya vas a ver que apenas el bebé cumpla el tercer mes, todo va a mejorar.» ¡Y así fue! No te puedes imaginar cómo resonaban sus palabras en mi mente durante los momentos difíciles. Cada vez que me sentía agotada, me repetía a mí misma: «Va a pasar pronto esta etapa. Ya casi.» Y eso me daba aliento para un día más.

PIDE AYUDA

¡Qué bendición fue tener a mi mamá en casa durante los primeros meses de Victoria! ¡Y también contar con los cuidados y el compromiso al 100% de mi esposo! Esto me hizo amarlo de una manera más profunda, y entre ambos me hicieron la tarea más fácil. Así que mi consejo es: ¡busca todo el apoyo que puedas! Quizás algunas personas no puedan estar tan cerca, pero a veces pueden ayudar de formas tan prácticas como traerte comida o limpiar tu casa. ¡Todas esas ayudas se necesitan y se agradecen muchísimo!

SUELTA CARGAS INNECESARIAS

Los estudios han demostrado que mientras los bebés están en nuestro vientre son afectados por las emociones que nosotras, las madres, tenemos. Por ejemplo, una amiga en Honduras me contaba como casi da a luz a su bebé de 6 meses de gestación al enterarse del secuestro de su esposo, porque sus emociones afectaron su embarazo. Pero esto es cierto también con las emociones menos «dramáticas». Los bebés sienten, dentro de la panza de la mamá, todo lo que ella está sintiendo. Aun luego del nacimiento, mientras estamos lactando, no solo lo que comemos es lo que transferimos a través de la leche a los bebés, sino también lo que sentimos. Ellos son los primeros que reciben de nosotras nuestras alegrías o tristezas, nuestra paz o nuestra amargura.

Las mamás nutrimos, no solo el cuerpo de nuestros hijos, sino también sus almas.

Y es que las mamás nutrimos, no solo el cuerpo de nuestros hijos, sino también sus almas. ¡Por eso tu salud emocional es vital para la salud emocional de tus pequeños!

Todos tenemos una historia que nos forja. Aunque nacemos con las manos libres, sanos emocionalmente, y con una actitud de explorarlo todo y de probarlo todo, a medida que crecemos vamos cambiando... Adquirimos temores por experiencias desagradables. Adquirimos conceptos de nosotros mismos y de los demás que no necesariamente son verdaderos. E interpretamos de cierta manera las situaciones difíciles que enfrentamos porque quizás no se nos equipó con las habilidades emocionales básicas para hacerle frente a la vida.

Es triste oír a personas reconocer que lo que una vez prometieron *no* hacer cuando tuvieran hijos, ¡era exactamente lo que estaban haciendo ahora que los tenían! Rechazo, abandono, ira, impaciencia... ¿Por qué? Porque, **sin darnos cuenta, permitimos que el pasado interfiera en nuestro presente.**

Hacer familia no es nada fácil. La convivencia y la dinámica de la vida en pareja traen sus desafíos, que suman cargas extras. Y si a eso nos enfrentamos con nuestras propias maletas de celos, inseguridades, rencor, y agresividad... entonces aquello ya no es un hogar de paz, y tarde o temprano nuestra familia se convertirá en un campo de guerra en donde habrá otras víctimas además de papá y mamá.

Las cargas se convierten en armas, y entonces golpeamos porque nos han golpeado, herimos porque así nos defendemos, y buscamos satisfacción personal a toda costa, aunque con eso nos dañemos a nosotras mismas y, lo peor, a aquellos que más amamos. Sin quererlo, les «cobramos la factura» de cosas que ocurrieron hace muchos años a nuestros seres más cercanos.

Piénsalo bien. ¿Qué sucede cuando llevamos equipaje de más en nuestras vidas? Yo observo por lo menos tres consecuencias:

- **Alguien tiene que pagar por el exceso de equipaje.** ¿Quién lo va a hacer? Generalmente los que están a nuestro lado, como en todos los viajes...

- **Provoca cansancio emocional.** Las cargas terminan creando una neblina que empaña la realidad de las cosas. He escuchado a muchas mujeres que, a causa del cansancio físico y emocional, terminan cuestionándose si vale la pena todo el esfuerzo, si vale la pena el sacrificio, si vale la pena seguir intentándolo... El cansancio emocional es peligroso porque nos hace vulnerables a ser engañadas y a tomar malas decisiones. Nos quita el impulso de cuidar los detalles, de luchar cada día porque las cosas sean mejores. Nos cambia las palabras cariñosas y de afirmación que solo nosotras podemos darles a nuestros hijos y a nuestro esposo, por reclamos, quejas y ofensas.

- **Afecta nuestra salud.** ¿Sabías que la mayor causa de muerte en las mujeres es por problemas del corazón? Un mal manejo del estrés, un constante enojo, o simplemente el descuidar tu salud personal por estar siempre atendiendo otras cosas, todos estos pueden ser detonantes de problemas cardíacos, estomacales, y muchos otros más.

Además, debemos recordar que no podemos darle a nadie lo que no tenemos. Así es que, mamás, es buen momento para soltar todo lo que hemos cargado por años y dejarnos llenar por aquello que queremos dar. ¿Cómo hacer esto? Es sencillo: entregándole el equipaje al que ya pagó por esas cargas. La única persona que te ha pedido llevar tus maletas es Jesucristo. Él mismo dijo: *«Vengan a mí los que estén cansados y afligidos y yo los haré descansar. Lleven mi yugo y aprendan de mí, que soy manso y de corazón humilde. Así hallarán descanso para el alma, porque mi yugo es fácil de llevar y mi carga es ligera.»* (Mateo 11.28-30)

Por más buenas que sean las técnicas antiestrés u otros métodos que utilicemos para intentar aliviarnos, van a terminar siendo soluciones temporales porque no lidiamos verdaderamente con la raíz del problema en nuestro ser. En cambio, fíjate que el yugo que Jesucristo nos invita a llevar implica ciertas cosas:

- **El yugo te hace caminar con alguien.** El yugo es lo que une a los animales de carga o arado, y lo que hace es mantenerlos juntos para duplicar la fuerza. Jesucristo nos confronta con nuestro estilo de vida y nos pide tomar una decisión: o seguimos solas lidiando con todo lo que tenemos, o hacemos una yunta con él. ¡Unidas a Jesús, nuestro trabajo se hace más liviano!

- **El yugo requiere ajustes.** Cuando se quería entrenar a un buey joven para que aprendiera a arar, lo ataban a un buey ya entrenado en la tarea. Cuando el joven quería ir por su propio camino, no podía porque estaba atado a un buey experimentado que le indicaba por dónde ir. Jesucristo dijo: «Déjame enseñarte a como ser como yo: humilde y tierno de corazón». ¡Caminar unidas a Jesús nos capacita mejor para cualquier tarea que tengamos que realizar!

> **Jesús quiere caminar contigo en esta ardua pero hermosa tarea de ser madre.**

Recuerda que la humildad es la capacidad de entender que Él lo es todo en mí, y que yo me someto a su dirección. Es posible que Él te diga que sueltes ya ese resentimiento que te viene molestando desde hace años, que perdones, o incluso que vayas a hablar con humildad con ciertas personas de tu pasado, y cortes el yugo con ellos. Jesús te enseñará a amar a las personas aunque no se lo merezcan. No hay mayor libertad que esa. ¡En verdad ahora caminas con otro que te hace la vida más ligera!

Al caminar con Jesús se nos transforma también la forma en la que vemos a los demás. Comenzamos a ver a las personas como Él las ve. Descubrimos dolores y grietas en ellos que nos llevan a tener misericordia y a tratarlos diferente. También, cuando Jesús nos da descanso para nuestras almas, podemos abrazar a nuestros pequeños, y disciplinarlos e instruirlos con amor, no con saña.

Y cuando te sientas cansada, recuerda: no aceptes sustitutos. Cuando Dios no es nuestro lugar de refugio, las otras cosas que intenten reemplazarlo solo ocasionarán desbalances en nuestra vida. Algunos de los refugios que buscan las mujeres son los calmantes, el ejercicio extremo, nuevas relaciones, etc. Pero lo que necesitamos en realidad es venir una y otra vez a Él, quien es la fuente de vida, para que allí bebamos lo que necesita nuestra alma: la libertad del perdón de Dios, la verdad de su aceptación, y la herencia que tenemos como hijas de Dios.

Jesús quiere caminar contigo en esta ardua pero hermosa tarea de ser madre. Él quiere que formes hijos con corazones humildes y tiernos. Hijos sanos, que sepan cómo vivir también una vida caminando junto a Él. Y no olvides que para esto tus hijos te necesitan sana, tanto en lo físico como en lo mental y emocional, para que puedas guiarlos y amarlos de una manera sana.

Ordena tus prioridades. Prepárate. Pide ayuda. Suelta las cargas innecesarias. Camina en yugo con Jesús. Y recuerda que «mamá feliz, ¡hogar feliz!»

Capítulo 02

CONOCIENDO LAS ETAPAS DEL DESARROLLO

El conocimiento, más la destreza con la que apliquemos ese conocimiento, será el éxito para cualquier tarea o desafío que enfrentemos. Cuando, como madres, conocemos las características de la etapa que está viviendo nuestro pequeño y lo que éste necesita justo en esa etapa para desarrollarse saludablemente, entonces:

- Aplicamos el conocimiento que estamos adquiriendo para manejar con destreza las necesidades físicas, emocionales y cognitivas de nuestro hijo o hija.

- Tenemos una mejor perspectiva del tiempo que tenemos para lograr los objetivos deseables y pasar a la siguiente etapa.

- Nos preparamos con las cámaras de fotos y videos para registrar lo que nunca más va a volver a suceder.

- Disfrutamos más cada una de las etapas. (¡Y nos tranquilizamos porque sabemos que, sea como sea, es solo una etapa y no va a durar toda la vida!)

En este capítulo solo voy a dar un vistazo general a las diferentes etapas que atraviesan nuestros hijos, señalando lo sobresaliente de cada una de ellas. Luego en el resto de los capítulos me detendré en temas más específicos que se deben tratar de manera diferente en cada una de las etapas. ¡Comencemos, entonces!

ETAPA DE CERO A UNO

«¡Te necesito YA!»

Esta es la etapa en la que...

- **Nadie puede dormir**
  Y esa es la razón de que existan en el mercado muchos libros que te darán consejos para que intentes establecer rutinas, a fin de que tu bebé duerma un poco más de dos horas por las noches... ¡por la salud mental de mamá y de todos los que estén en casa!

- **Las mamás nunca habían olido tan mal**
  Durante los primeros meses del bebé, las demandas constantes del recién nacido nos hacen darnos baños rapidísimos. ¡Cuánto se extrañan esos tiempos en donde tomábamos duchas largas y nos arreglábamos el cabello!

- **Nunca te habían necesitado tanto**
  Este es un trabajo 24/7, sobre todo si estás amamantando. Yo recuerdo que a veces mi esposo Danilo estaba cargando a nuestra bebé, y cuando yo pasaba cerca parecía como si ella estuviera viendo a una vaca, exclusivamente al servicio suyo. Automáticamente se relamía los labios y me extendía sus bracitos para que la alzara y le diera la leche...

Aun cuando estés cansada, recuerda que los bebés necesitan ser confortados con tus abrazos, con tu voz, con tu olor. Se sienten seguros así, porque el único vínculo fuerte que tienen es contigo.

SU DESARROLLO DURANTE ESTA ETAPA

FÍSICO

3-4 meses: Levantan su cabeza y su pecho.

4-6 meses: Alcanzan objetos con la mano y pueden voltearse.

6-8 meses: Se sientan y agarran objetos con dos deditos.

6-10 meses: Gatean. / Algunos ya logran caminar.

11-12 meses: Se levantan con ayuda. / Algunos ya caminan.

VERBAL

0-6 semanas: Tienen diferentes llantos, y hacen sonidos de vocales.

3 meses: Voltean su cabeza cuando oyen tu voz, y hacen ruidos de consonantes.

6 meses: Imitan tu voz y balbucean.

9 meses: Entienden palabras simples.

12 meses: Entienden alrededor de 70 palabras, y dicen sus primeras palabritas.

MENTAL

Experimentan al mundo a través de sus cinco sentidos.

Van empezando a estar más conscientes de todo lo que sucede a su alrededor.

EMOCIONAL

6 semanas: Dan su primera sonrisa social.

2 meses: Les gusta verse al espejo.

Aprenden más de las cosas que responden a ellos (por ejemplo, de su interacción con las personas).

Disfrutan la música, las expresiones dramáticas, las voces tontas y otras cosas que te hacen ver ridícula.

4 meses: Distinguen caras felices y caras tristes.

7 meses: Muestran sorpresa frente a ruidos altos.

NO TE OLVIDES DE:

- Establecer rutinas y cumplirlas. Esto ayudará a tu cuerpo a poder coordinar muchas de sus funciones físicas, tales como dormir, hacer sus necesidades fisiológicas, etc., y a la vez mantendrá a tu bebé feliz.

- Crear en tu hogar un ambiente de alabanza y adoración. Tómate tiempo para cantarle, orar por él o ella, y sobre todo crear un ambiente de paz alrededor de tu bebé.

- ¡Echar mano de toda la ayuda posible para las tareas secundarias de la casa!

ETAPA DE UNO Y DOS AÑOS

«Yo lo hago solito»

Esta es la etapa en que...

- **Nada es como lo planeado**
  Cualquier cosa puede pasar, y el día muy difícilmente va a ser como lo has planeado. Quizás ya por fin está toda la

familia en el automóvil lista para salir, cuando de repente el bebé ensucia su pañal (y a veces, de paso, su ropa también) y empieza de nuevo todo el proceso de entrar a la casa, cambiarlo, y devolverlos al asiento del carro.

• No hay hombro limpio

Los bebés de estas edades suelen utilizar nuestra ropa, especialmente la parte de nuestro hombro, para limpiar sus bocas, narices y manos.

• El bebé puede todo «él solito»

El bebé ya no es más un bebé. En esta etapa inicia su camino hacia la independencia. Y ahora estos pequeñitos van a insistir en hacer las cosas por sí solos. Por lo tanto, el desafío más grande que tendremos en esta etapa es el «¡Yo solito!», y todo lo que eso conlleva. Frustración al intentar ponerse los zapatos solitos, peligro al intentar subir y bajar escaleras solitos, y berrinches porque quieren vestirse solitos, comer solitos, etc., etc., etc.

Los cambios físicos y mentales avanzan en esta etapa más que en ninguna otra. Tú pequeño ya se puede expresar mejor, ya puede caminar, ¡y ahora está listo para alcanzarlo todo, probarlo todo y conquistarlo todo! Sin embargo, la vida para tu pequeñito es bastante dura. Todo lo que quiere hacer le va a requerir que adquiera alguna habilidad nueva. Desde tomar una taza con sus manitos, hasta empezar a usar el inodoro. Lo bueno es la actitud tan positiva que tienen los niños de estas edades ante los desafíos, ¡y lo mejor es que están descubriendo su potencial!

Por otro lado, para las mamás es quizás la etapa de mayor cansancio físico. El estar detrás de un niño que se mueve todo el tiempo con una alta carga de energía, va a requerir que estés lo más cómoda posible. Quizás tengas que guardar por un tiempo los hermosos tacones que solías usar, porque vas a necesitar estar lista para de repente, en cualquier momento, saltar de tu silla y correr a rescatarlos.

Esta es la etapa en donde se debe proteger al niño de su entorno más que en ninguna otra. Para esto, intenta delimitar el perímetro en donde ellos están, y asegúrate de cubrir los tomas eléctricos y de que no haya nada pequeño en el piso o a su alcance. Quizás tengas que mover de lugar algunos adornos que puedan ser peligrosos para el niño (o viceversa), y debes también asegurar los gabinetes de la cocina y donde tengas productos químicos o de limpieza, y vigilar a las mascotas (por el bien de los niños y de las mascotas mismas).

Cuando nuestros hijos eran bebés, no dormíamos toda la noche. En esta etapa podemos dormir de noche pero jamás de día. ¡Nuestros ojos deben estar siempre muy atentos a las nuevas ocurrencias de estos pequeños exploradores!

- **La actitud a abrazar es la flexibilidad**
Durante esta etapa deberás aceptar que tu horario o rutina no pueden ser demasiado estrictos. Vas a tener que hacer ajustes a la hora de salir (debes planear más tiempo porque puede haber imprevistos), y tendrás que ser flexible incluso con la rutina de los quehaceres de la casa. También deberás adaptarte a dejar tus hobbies en pausa por un momento y tener un nuevo hobby: ¡jugar con ellos!

SU DESARROLLO DURANTE ESTA ETAPA

FÍSICO	VERBAL
12-15 meses: Se sientan, gatean y caminan.	**18 meses:** Señalan objetos cuando se los nombras.
15-18 meses: Pueden caminar hacia atrás y de lado.	**18 meses:** Dicen de 10 a 20 palabras, en su mayoría nombres y pronombres.

15-18 meses: Hacen garabatos con crayones.

18-24 meses: Suben y bajan escalones. Saltan en un mismo lugar.

24-36 meses: Lanzan la pelota por encima. Pueden pararse en un pie por un momento. Algunos ya muestran cuál es su mano fuerte.

24 meses: Dicen de 40 a 50 palabras, y forman oraciones de dos palabras.

36 meses: Dicen de 300 a 400 palabras (que pueden ser un poco difíciles de entender).

Todavía entienden más de lo que pueden comunicar.

MENTAL

Siguen instrucciones sencillas.

Se benefician de la repetición.

No logran entender el punto de vista de otros.

No comprenden los tiempos: a menudo confunden pasado, presente y futuro.

Su aprendizaje aumenta por medio de la música, el movimiento y el arte.

EMOCIONAL

Disfrutan las actividades donde juegan un rol.

Tienen dificultad para compartir, y demuestran ansiedad de separación.

Pueden empezar a morder, gritar y hacer berrinches.

Juegan al lado de un compañero, pero todavía no saben jugar con él.

Reconocen las emociones básicas en otros.

NO TE OLVIDES DE:

- Animar a tu hijo o hija a tener confianza en sí mismo: «¡Sí, puedes hacerlo!».

- Ser firme con los «NO», y no usar gritos. Mantén estable tu tono de voz, así tu pequeño conocerá sus límites y quién está en control.

- Ser flexible, pero con orden. Por ejemplo, demarca los espacios de juego por el bienestar y la seguridad de tu pequeño.

- Verificar que las mascotas estén seguras, y que tu hijo esté seguro también.

- Establecer principios espirituales y enseñárselos a tu hijo. Por ejemplo, «Dios te creó», «Dios te ama», y «Él está siempre contigo».

- Disfrutar de los tiempos de alabanza con tu hijo. Bailen juntos. ¡Haz fiesta por las cosas del Señor!

- Leerle a tu niño todas las noches. ¡El amor a la lectura se inicia desde temprano!

ETAPA DE TRES Y CUATRO AÑOS

«¿Por qué?»

Esta es la etapa en la que...

- **Todo puede ser imaginado**
  Para un niño de estas edades, la imaginación es la realidad. Ella es una princesa o una doctora. Él es un pirata o un superhéroe. Esta imaginación tan «real» puede abrirle también la puerta al temor, y con esto debemos tener mucho cuidado. Las historias de monstruos son reales

para ellos, aunque para los adultos sean solo un juego. Y las imágenes en la televisión o el IPad pueden quedarse grabadas en sus mentes como «reales» y atormentarlos por el resto de su niñez. Además, las imágenes que vean serán reinterpretadas por su cerebro y procesadas a través de los sueños. Y ellos no pueden diferenciar muy bien entre sueño y realidad. Es por esto que los adultos debemos estar atentos para proteger su mente de lo que ven, oyen y experimentan.

- **Los «¿Por qué?» parecen no terminar nunca**
La curiosidad de los niños de estas edades no tiene límites, y no se cansan jamás de preguntar. Además, ten en cuenta que los niños de cuatro años muchas veces no están preguntando el *porqué* de las cosas sino el *cómo* de las cosas. Así que, cuando ellos pregunten «¿por qué?» por tercera o cuarta vez, no te exasperes. No es que duden o que no te entiendan, sino que quieren más información para intentar entender su entorno.

SU DESARROLLO DURANTE ESTA ETAPA

FÍSICO	VERBAL
Se balancean en un pie de 5 a 10 segundos.	Cada vez es más fácil entenderlos.
Cortan con tijeras.	Pueden tener dificultades con algunos sonidos como r, l, s, j, ch.
Manejan un triciclo.	Dicen más de 1000 palabras (pero, ¿quién en realidad está contando ya?)

Suben las escaleras alternando un pie.	Responden a preguntas del tipo ¿qué?, ¿dónde?, y ¿cuándo?
Se abotonan o desabotonan la ropa solos.	

MENTAL	**EMOCIONAL**
Empiezan a distinguir lo «real» de lo «irreal».	**3 años:** Pueden morder, gritar y hacer berrinches.
Pueden tener dificultades para distinguir la «verdad» de la «mentira».	Disfrutan del humor y de chistes sencillos.
Siguen sin entender el punto de vista de otros.	Pueden expresar emociones básicas cuando se les pregunta.
Viven en el presente; la memoria sobre eventos del pasado es limitada.	Son capaces de decir lo que los hace felices o tristes.
Aprenden poniendo cosas en categorías simples.	Pueden tener pesadillas o miedos específicos (al fuego, a la oscuridad, a los monstruos).
Empiezan a identificar las causas y efectos de las cosas.	Responden bien a las historias como una manera para hablar de los sentimientos.

NO TE OLVIDES DE:

- Tener en cuenta, sobre todo antes de disciplinar a tu hijo, que su vida es aún muy confusa, y que las reglas a veces no se interpretan bien. Por ejemplo, para un niño de estas edades puede ser realmente difícil comprender por qué está bien arrojar una pelota pero no una piedra, o abrazar fuerte a papi pero no a un bebé recién nacido, o pintar con los crayones en una hoja pero no en la pared.

• Establecer límites. En esta etapa debes ayudar a tu hijo para que empiece a trabajar el autocontrol. «Si gritas, no te lo doy» o «Si haces berrinche, no lo obtendrás», son algunas formas de lograr esto.

• Fijar rutinas para la hora del baño, la hora de comer, la hora de jugar, etc. Esto es muy importante porque le da a tu niño una sensación de estabilidad y seguridad.

• Escuchar a tu hijo. Sus preguntas acerca de Dios pueden dejarte asombrada, pero recuerda que la fe en un Dios que no puede ver no resulta tan clara y obvia para un niño pequeño. (¡Más adelante encontrarás un capítulo completo sobre este tema!)

ETAPA DE KINDER Y PRIMERO

«¡Mami, mira!»

Esta es la etapa en la que...

• **Pronuncian frases que quedan «para la posteridad»**
La vida de tu pequeño entra en la rutina escolar, y aunque durante esta etapa el dejarlo en el colegio te provoca algunas lágrimas, sus palabras «sin filtro» te hacen reír.

Es una buena idea que lleves un registro de esas primeras frases «sin sentido», o de su forma «especial» de decir las cosas. Mi amiga Fiona Mellet es madre de cinco hijos, y me contaba que con el menor de ellos, no se apresuró tanto a corregir la forma en que hablaba... Ella sabía que, al ser el menor, ella no disfrutaría nunca más de esto luego de que él creciera, así que, ¿para qué apresurarse a corregirlo? El niño cambiaba la palabra «because» (porque), por la palabra «cabause». En cierta ocasión, una persona fuera de la casa, al oírlo, lo corrigió: «Se dice: *"because"*», y Fiona enseguida se apuró a decir: «NO, ¡*"cabause"* está bien!».

- **Se requiere un esfuerzo para poder cumplir con los horarios y exigencias escolares**

La rutina escolar es un gran cambio que tanto los niños como los padres sufren. Acostumbrar a los niños a las alarmas que nos indican cuándo debemos despertarnos, y lidiar con esos ositos perezosos que no se pueden levantar, para además luego vestirlos y peinarlos y darles el desayuno, intentando llegar temprano a la escuela, ¡es todo un desafío! Además, a los niños que no estén acostumbrados a ir a la guardería desde más pequeños puede costarles adaptarse a ser, en la escuela, uno entre muchos niños, en lugar de ser el centro de atención como lo eran en su casa.

SU DESARROLLO DURANTE ESTA ETAPA

FÍSICO	SOCIAL
Pueden lavarse los dientes, lavar y secar sus manos, y usar el papel higiénico de manera independiente muy bien.	Quieren complacer y ayudar a otros.
6-8 años: Pierden los dientes incisivos.	Pueden pasar rápidamente de una actividad a otra y de un grupo a otro.
Dibujan a las personas con cuerpo.	Les cuesta trabajo pedir ayuda.

Escriben su propio nombre.

Al jugar, necesitan ayuda para respetar los turnos y para poder perder bien.

Aprenden a amarrarse los zapatos.

Muestran muy poca preferencia de género a la hora de elegir los compañeros de juego.

Necesitan de 10 a 12 horas de sueño todas las noches.

MENTAL

EMOCIONAL

Se concentran en una actividad de 5 a 15 minutos.

Pueden mostrar emociones extremas.

Empiezan a entender el humor irónico y cuentan chistes sencillos.

Expresan mejor sus emociones por medio del juego y del arte, más que con las palabras.

Reconocen y pueden nombrar números, formas y colores.

Tienden a ser optimistas.

Conocen la diferencia entre necesitar y querer, y entre lo real y lo imaginario.

Necesitan enfrentar desafíos moderados y experimentar el éxito.

Todavía no interpretan lógicamente las causas y efectos.

Son muy sensibles a la crítica dura, al tono, y al lenguaje corporal.

NO TE OLVIDES DE:

- Ayudar a tu hijo o hija a aprender brindándole ejemplos concretos de principios o actitudes que deseas que siga.

- Jugar a su nivel. Un niño de estas edades se siente sumamente motivado cuando te involucras y te interesas en sus juegos.

- Acompañarlo en el aprendizaje. Esta es la etapa de aprender a leer y escribir, un gran reto para muchos. Muéstrale a tu hijo paciencia y constancia hasta que te asegures de que esté avanzando bien.

- Ir profundizando con tu hijo cada vez más en los principios de Dios: que sepa que puede confiar en Dios en cualquier circunstancia, que comprenda la regla de oro (tratar a los demás como me gustaría que me trataran), y que pueda ir aprendiendo a tomar buenas decisiones.

ETAPA DE SEGUNDO Y TERCERO

«Todo tiene que ser justo»

Esta es la etapa en la que...

- **Lo que es «justo» importa mucho**
  Los niños de estas edades tienen una mayor conciencia de lo que «justicia» significa, y muchas veces juzgarán tus acciones como «no es justo». También pelearán con sus hermanos y compañeros, y te reportarán a ti las faltas de maestras, hermanos, etc., si sienten que ellos no actuaron con justicia. Los juegos de detectives y policías, o de superhéroes y villanos, son los que más llaman su atención durante esta etapa.

- **Notan sus diferencias**
  Los niños comienzan a ser más conscientes de su singularidad, y esto, dependiendo de la ocasión, les causa satisfacción o vergüenza. Nosotras, como madres, debemos estar atentas para sembrar en nuestros hijos virtudes como la humildad («Lo importante no es que tú seas el mejor, sino que des lo mejor de ti»), y para ayudarlos con su autoestima cuando no se sientan lo suficientemente

buenos en un área determinada (ya que todos tenemos puntos fuertes y puntos no tan fuertes).

- **La diversión abunda**
  Esta es una de las mejores etapas de la niñez, ya que si pasas tiempo con tu hijo, su entusiasmo, su energía y sus ocurrencias te van a permitir disfrutarlo muchísimo.

SU DESARROLLO DURANTE ESTA ETAPA

FÍSICO	SOCIAL
Ya son más independientes a la hora de bañarse.	Disfrutan de cooperar y de realizar actividades grupales.
Continúan perdiendo los dientes de leche, incluyendo las muelas.	Le dan mucho valor a lo justo y consistente.
Crecen bastante en peso y altura, generalmente dando estirones. (Las niñas tienden a crecer más rápido que los niños.)	Pueden tener dificultades en situaciones de mucha competencia.
Mejoran la coordinación ojo-mano.	Demuestran preferencias de género hacia sus compañeros de juego.
Juegan más, se cansan más rápido, y siguen necesitando 10-11 horas de sueño cada noche.	Necesitan tiempo para hablar y procesar lo sucedido en el día.

MENTAL	EMOCIONAL
Se concentran en una actividad por hasta 30 minutos.	Ya son mejores controlando las emociones.

Son capaces de interpretar causas y efectos.	Todavía pueden confundir el «me siento...» con el «yo soy...»
Reconocen patrones y simbolismos.	Se averguenzan con facilidad ante los fracasos.
Siguen teniendo un entendimiento limitado del tiempo.	En general, se sienten más independientes y seguros.
Aprenden bien por medio de las actividades prácticas, resolviendo problemas, códigos y rompecabezas.	Desarrollan su sentido del humor con adivinanzas, trucos de magia, y chistes.

NO TE OLVIDES DE:

- Fomentar el desarrollo en tu hijo o hija de un autoconcepto y una autoestima saludables. Recuerda que durante esta etapa se van a sentar las bases de su identidad.

- Usar la comparación (aprovechando el interés de los niños de esta edad por la «justicia» y las «diferencias») como una oportunidad única para resaltar las diferencias entre las personas y cómo nos necesitamos los unos a los otros así de diferentes como somos.

- Aprovechar todo el material que existe (como por ejemplo, los cuentos infantiles), para enseñarle a tu hijo acerca del trabajo de equipo y las habilidades únicas de cada persona.

- Evitar ponerle, o que le pongan, sobrenombres por sus debilidades.

ETAPA DE CUARTO Y QUINTO

«Yo se eso; yo puedo con eso»

Esta es la etapa en la que...

- **Los amigos importan más**
  Lo que los amigos aprueben o desaprueben será lo más significativo para los niños durante esta etapa. Si observas cambios en la manera en que tu hijo viste o habla, fíjate en sus amigos. Los «mejores amigos» son lo máximo. Y, lamento decírtelo, las opiniones de ellos importarán más que la tuya... ¡por lo menos hasta dentro de unos 10 años!

- **Los juegos son por competencia, no solo por diversión**
  La confianza en sí mismos que los chicos de estas edades tienen los hace sentir «imparables». Y están siempre listos para competir, porque quieren que los demás vean sus fortalezas y que los vean sobresalir.

- **Su confianza los guía**

Ya no son los más pequeños de la primaria. Y se van sintiendo «preparados» para pasar a otra etapa de mayor independencia. Los padres debemos ayudarlos a tener una sana confianza en sí mismos. Que sepan que confiamos en su potencial, y que creemos en ellos. ¡Necesitamos niños seguros de sí mismos para cuando entren a la segunda etapa estudiantil!

SU DESARROLLO DURANTE ESTA ETAPA

FÍSICO

Pueden mostrar las primeras fases de la pubertad: acné, cambios en el humor, cambios de estatura y peso. (Las niñas entre los 8 y 11 años; los niños entre los 9 y 12 años.)

Continúan perdiendo las muelas de leche.

Mejoran en rapidez, fuerza, y controlando el cuerpo.

Necesitan actividad física y pueden estar inquietos.

Siguen necesitando 10-11 horas de sueño cada noche.

SOCIAL

Valoran la aprobación de los amigos y suelen desafiar la autoridad.

Desean más privacidad.

A menudo sobresalen en situaciones competitivas.

Se benefician de tener un mejor amigo(a) del mismo sexo.

Pueden tener intereses románticos, como alguien que les guste, y experimentar con afectos físicos.

MENTAL

Se concentran en una actividad por hasta 45 minutos.

MENTAL

Pasan de aprender a leer, a leer para aprender.

Son capaces de colaborar, y de entender reglas y consecuencias.

EMOCIONAL

Se pueden avergonzar con facilidad de su cuerpo.

EMOCIONAL

Les gustan los juegos de palabras y el sarcasmo, pero el humor se puede tornar negativo.

Necesitan explorar un poco de fracaso, y experimentar las consecuencias de sus actos.

Reconocen perspectivas diferentes a la suya.

Aún mantienen las creencias y los valores de la familia, pero pueden hacer preguntar desafiantes.

Todavía se les dificulta comprender los conceptos abstractos.

Quieren ser vistos como «independientes» y «maduros».

NO TE OLVIDES DE:

- Darle a tu hijo retos a su medida; cosas que él pueda lograr y desafíos en los que pueda tener éxito.

- Ayudar a tu hijo a encontrar amistades saludables. Todo el mundo necesita amigos. Asegúrate de conocer a los chicos que están cerca de tu hijo, y promueve amistades fuera del colegio que aporten buenas cosas a tu hijo. Enséñale a tu hijo el valor de una verdadera amistad, y cómo ser él un buen amigo.

- Ser tú misma una buena amiga, interesándote en lo que a tu hijo le gusta.

- Ayudar a tu hijo a crecer en sabiduría, fe y amistad con Dios.

Como dije al inicio del capítulo, recuerda: cada etapa es solo eso, una etapa. Con lo bueno y lo malo, lo fácil y lo difícil, ya va a pasar. ¡Aprovéchala todo lo que puedas, y disfrútala al máximo!

Capítulo 03

PERFECTAMENTE CREADOS

«Te conocía aun antes de haberte formado en el vientre de tu madre.»
Jeremías 1:5

Durante los primeros años de vida se forman los fundamentos del ser humano. En este tiempo se sientan las bases de la identidad, y así el niño aprende a responder sin dudas a la pregunta: «¿Quién soy yo?». Y no solo responde con un nombre o apellido, o por su sexo (niño o niña), sino por un conjunto de factores que lo definen, tales como su personalidad, carácter, grupo étnico, fe, etc. Son estas características las que lo hacen ÚNICO y DIFERENTE de los demás.

La identidad se construye los primeros años de vida, principalmente dentro del hogar.

Aunque la identidad no permanece constante, se apoya en una base estable que marca sus rasgos más característicos. Esa base se construye durante la infancia y la adolescencia. Una de las tareas en las que más debemos enfocarnos como padres es en trabajar de manera consciente para formar una identidad sana en nuestros hijos. La identidad no nace con ellos; se construye y se reformula, principalmente durante los primeros años de vida, y principalmente dentro del hogar. Es en casa en donde se afirmarán como personas seguras o inseguras para el resto de sus vidas. Allí se les enseñará a amarse a ellos mismos, porque se los acepta tal y como son. Se les enseñará también a amar a los demás: así como procuramos que nuestros hijos aprendan a amarse por su singularidad, les enseñaremos a respetar a los demás por la suya. Se les fomentarán las cosas buenas, y se les corregirán tanto los procesos de pensamiento como las acciones incorrectas, para así guiarlos en el desarrollo de una identidad sana.

Y es que la identidad va a permear todas las áreas de nuestra vida. Cuanto más sana sea nuestra identidad:

- más oportunidades encontraremos de entablar relaciones enriquecedoras.

- más posibilidades tendremos de ser creativos en nuestro trabajo.

- más preparados estaremos para afrontar las adversidades.

- más inclinados nos sentiremos a tratar a los demás con respeto.

- ¡más contentos estaremos por el mero hecho de vivir!

Desarrollar una identidad sana va a ayudarnos, además, a construir el **autoconcepto adecuado** y una **sana autoestima**.

El autoconcepto es la imagen que tiene una persona de sí misma. Incluye todo lo que una persona sabe de sí en cuanto a sus habilidades, rasgos físicos, conocimiento, características peculiares, etc.

El autoconcepto puede tergiversarse cuando a un niño:

- se le hace creer que por tener cierto rasgo físico, o determinado color de piel, es «inferior» o no es «bonito».

- no se lo afirma en lo que hace bien, o no se lo motiva a intentar cosas nuevas.

- no se le enseña a vencer los fracasos, porque entonces que comienza a pensar de sí mismo: «Yo no soy bueno en esto».

La autoestima tiene que ver con cómo se siente la persona con eso que sabe de sí misma. ¿Me gusta quién soy? ¡Esa es la pregunta que todo ser humano debería poder responder positivamente! En otras palabras, la autoestima es el resultado emocional del autoconcepto. Viene a ser la base de las emociones. Por lo tanto, ¡tiene que ser saludable!

La autoestima es, además, una valoración emocional que se forma en el niño *como consecuencia de sus experiencias en su interacción con otros*. Es moldeada por «lo que los demás dicen de mí», y se inicia desde la infancia con una pregunta silenciosa a sus progenitores: «¿Les gusto yo así como soy?».

Como padres, debemos asegurarnos de brindarles a nuestros hijos respuestas positivas a esta pregunta, y de evitar palabras o situaciones que afecten la esencia de su ser. Pero, más importante aun, debemos enseñarles cuál es la verdadera fuente de su identidad. Debemos mostrarles lo que Dios dice acerca de ellos en Su Palabra, ya que de otro modo, a lo largo de la vida, seguirán cuestionando su valor y auto-amándose dependiendo del juicio de los demás.

¿CÓMO DESARROLLAN SU IDENTIDAD LOS NIÑOS?

Este es un proceso natural que se da desde que nacen. La primera pregunta que buscan responder es: «¿Quién soy yo respecto a los demás?». A través de la voz y del olor de los que están cerca, el bebé empieza a distinguir a las personas. En general, distinguirá primero el olor de su mamá y la voz de su papá. Durante este tiempo, el *apego* es parte del proceso de formación de la identidad.

> **Como consecuencia de sus interacciones con los demás, los bebés aprenden a sentirse valorados y protegidos.**

Después de unos pocos meses, el bebé identificará también a algunos «extraños»: aquellos que están cercanos a él, aparte de papá y mamá. Se volverá un experto en reconocer las «semejanzas y diferencias» entre los que los rodean. Así, como consecuencia de sus interacciones con los demás, los bebés aprenden a sentirse valorados y protegidos.

Alrededor de los tres años de edad, los niños empiezan a identificar cómo lucen los humanos, con sus diversas variaciones. En comunidades más homogéneas en cuanto a raza, los pequeños mostrarán sorpresa ante el color de piel o la fisionomía de las personas cuando son diferentes a las que ellos están acostumbrados.

Al vivir nosotros en Houston, mi esposo y yo expusimos a nuestra hija desde muy pequeña a convivir con personas de diferentes razas. Su maestra de preescolar fue una hermosa chica de descendencia coreana. El comentario de Victoria cuando regresó de su primer día de clases fue: «Mami, mi maestra tiene los ojos casi cerrados, pero todavía me puede ver, justo por el centro». En el mismo salón tenía un compañero afroamericano y otra compañera proveniente de Pakistán. Y ella era la única hispana. Así que, desde muy temprano, fue expuesta a una diversidad de razas y culturas, lo que la ayudó a entender que el ser humano es diverso en su forma externa. Nosotros, por nuestra parte, le recalcamos que, aunque somos diferentes por fuera, todos somos iguales por dentro y tenemos el mismo valor ante Dios y ante los demás.

Cuando los niños entran en la edad escolar, ya son bastante conscientes de sus diferencias con respecto a los demás, y les importa y les afecta lo que los demás piensen de ellos. Es normal que empiecen a compararse por sus rasgos físicos, que hablen acerca de si se consideran bonitos o no, o que, al ser de una raza diferente, les avergüence hablar el idioma de su casa frente a los demás niños. En pocas palabras, les incomoda ser diferentes.

Nick Vujicic cuenta en su libro *«Una vida sin límites»* cómo a la edad de 8 años intentó suicidarse ante la realidad de saberse diferente a los demás. A raíz de una malformación genética (un síndrome llamado tetraamelia), él había nacido sin brazos y sin piernas, y con solo dos pequeños e incompletos pies. Gracias a la ayuda de sus padres y a que pudo conocer a Dios, salió adelante. Aceptó que, aun con sus limitaciones, Dios tenía un plan para su vida y quería usarlo. Con esto en mente, terminó a los 21 años sus estudios universitarios, ha formado varias empresas, e incluso fue actor en una película, ganando premios por su actuación. Actualmente trabaja como orador motivacional alrededor del mundo. Se casó con una preciosa mujer y juntos tienen cuatro hijos.

¿CÓMO CONSTRUIR UNA IDENTIDAD SALUDABLE?

La identidad que yo deseo que mis hijos desarrollen tiene su base en lo que el Creador dice que son ellos.

La identidad que yo deseo que mis hijos desarrollen tiene su base en lo que el Creador dice que son ellos. Por lo tanto, tengo que ser intencional al recordárselos, para que lo tengan en su memoria pero sobre todo para que lo *interioricen*, para que lo hagan propio.

Aprovecha cada momento, mientras los vistes, los bañas, o los peinas frente al espejo, o cuando caminan juntos hacia la escuela, para hablarles acerca de *quiénes* son ellos empleando la Palabra de Dios. A mí me gusta repetirle a mi hija lo que dice el Salmo 139:

«Señor, tú me has examinado el corazón y me conoces muy bien. Sabes si me siento o me levantó. Cuando estoy lejos, conoces cada uno de mis pensamientos. Trazas la senda delante de mí, y me dices dónde debo descansar. Cada momento sabes dónde estoy. Sabes lo que voy a decir antes que lo diga, Señor. Por

delante y por detrás me rodeas, y colocas tu mano sobre mi cabeza.

Conocimiento tan maravilloso está más allá de mi comprensión; tan grande es que no puedo entenderlo. ¡Jamás podré alejarme de tu Espíritu! ¡Jamás podré huir de su presencia!» (v. 1-7)

«Tú hiciste todas las delicadas partes internas de mi cuerpo y las uniste en el vientre de mi madre. ¡Gracias por haberme hecho tan admirable! Es admirable pensar en ello. Maravillosa es la obra de tus manos, y eso lo sé muy bien. Tú me observaste cuando en lo más recóndito era yo formado. Tus ojos vieron mi cuerpo en gesta-ción: todo estaba ya escrito en tu libro; todos mis días se estaban diseñando, aunque no existía uno solo de ellos. ¡Cuán preciosos son los pensamientos que tienes de mí, oh Dios! ¡Son innume-rables! No puedo contarlos, superan en número a los granos de arena. Y cuando despierto en la mañana, tú todavía estás con-migo.» (v. 13-18)

Nosotras mismas tenemos que corregir constantemente los pensamientos que tenemos acerca de cómo nos vemos.

Con este Salmo, me gusta recal-carle a mi hija lo siguiente:

Dios te ama tanto que siempre quiere estar contigo. Aunque algunos no quieran estar ahí, Él siempre estará. Aunque papá o mamá no estén, Él siempre estará. No hay forma de escapar de su presencia. ¡Nunca estarás sola!

- Si necesitas ayuda o te sientes triste, puedes hablar con Él. La oración te conecta directamente con el cielo. Él desea oírte, saber lo que piensas y lo que sientes. Él tam-bién hablará a tu corazón, recordándote la verdad de lo que Él dice acerca de ti.

- Eres hermosa porque fuiste diseñada por Dios. ¡Hermoso diseño, por dentro y por fuera! No solo se trata del color de tus ojos, o de cómo hizo enrulado o liso cada uno de tus cabellos, sino que se trata de todos los dones y talentos que Él puso en ti y que espera que descubras y disfrutes. ¡Dios desea que vivas tu vida al máximo, haciendo lo que disfrutes hacer y brillando para iluminar este mundo con Su amor!

Recuerda también que esta búsqueda de una identidad sana dura, en realidad, toda la vida. Nosotras mismas tenemos que corregir constantemente los pensamientos que tenemos acerca de cómo nos vemos, pensamientos que nos alejan de lo que realmente somos. Me gusta la actitud del pastor Joel Osteen, pastor principal de la iglesia en donde trabajamos y servimos. Él dice que todos los días cuando se mira al espejo, se saluda como un hijo amado del Dios Todopoderoso, capacitado para su tarea, ungido, enfocado, y guapo. ¿Qué nos decimos nosotras mismas al espejo? «¡Oh, qué terrible te ves!», «¡Eres un desastre; con razón no te toman en cuenta!» y quién sabe cuántas porquería más. ¿No te parece que el mundo ya es lo bastante hostil como para que encima te estés bombardeando a ti misma con este tipo de pensamientos?

Toma el control de tu mente, acércate cada día a la Palabra de Dios para que descubras lo que el Todopoderoso dice sobre ti, ¡y aprópiate de eso! Esto no es creerse superior a los demás. ¡Es vivir con la actitud correcta que necesitamos para enfrentar la vida!

Cuando pensamos y hablamos bien acerca de nosotras mismas, vamos a hacerlo de la manera correcta también con nuestros hijos. No vamos hablar mal sobre ellos, sino que, por el contrario, vamos a estar atentas a cuando los oímos susurrarse cosas incorrectas, y les vamos a decir que son un regalo de Dios y que esperamos que así se consideren.

OTROS CONSEJOS PRÁCTICOS PARA AYUDARTE A DESARROLLAR EN TU HIJO UNA IDENTIDAD Y UNA AUTOESTIMA SANAS:

- Ámalo por quién es él. Recuérdale sus fortalezas, sus habilidades, y las características que lo hacen único y especial.

- Repítele que crees en él. Con esto le darás confianza en sí mismo.

- Ayúdalo a manejar la frustración cuando se equivoque. Recuérdale que la práctica hace al maestro. Que no está mal equivocarse, y que solo hay que volverlo a intentar.

- No lo sobreprotejas. Dale la oportunidad de tener sus derrotas y sus conquistas, y celebra sus éxitos cuando los consiga.

- Nunca, nunca, nunca lo compares con sus hermanos ni con otros niños.
No emitas juicios sobre él ni le pongas etiquetas como «Tú eres un desastre», «No sirves para eso», «Siempre haces las cosas mal», etc. Esas palabras se quedarán grabadas en su mente por el resto de su vida, y lo afectarán más de lo que puedes imaginarte.

Nuestra meta no debe ser cambiarlos, ni convertirlos en nuestro «ideal» de hijo o hija, sino lograr que cada uno sea exitoso, desarrollándose dentro del diseño de Dios con el potencial y las características particulares que Él puso en ellos.

DESCUBRIENDO A NUESTROS HIJOS

Así como no escogimos las características físicas de nuestros hijos, tampoco escogimos sus habilidades, gustos y personalidad. Pero, a diferencia de lo físico, esta información genética no es tan obvia, y toma tiempo para que nuestros hijos vayan evidenciando sus talentos, como el ser buenos en los deportes, en la música, o en las matemáticas. También, a medida que crecen, comenzarán a manifestar sus gustos y preferencias personales por ciertas áreas en particular. ¡Es fascinante poder verlos desarrollarse, y ver surgir todo eso que Dios ha puesto en ellos!

En esto, nuestra principal responsabilidad como madres es crear un ambiente para que ellos puedan crecer saludables. En la Biblia encontramos el caso de una familia con dos hijos varones. Los dos eran mellizos, y así como eran muy diferentes el uno del otro en lo físico, así lo eran también en sus gustos y personalidad. Esaú era velludo y le encantaba la aventura (lo imagino sudado todo el tiempo), y se dedicaba a cazar animales. Su hermano Jacob era el opuesto: era lampiño, no sé por qué lo imagino mucho más delgado que Esaú, y él prefería estar en casa pendiente del cuidado de las ovejas, es decir, otro tipo de actividad. La Biblia menciona que Esaú era el preferido del padre, y Jacob el preferido de la madre. Esto, como todos sabemos, provocó una serie de acontecimientos con tristes consecuencias para todos.

Es posible que la personalidad y los gustos de tus hijos hagan que se genere cierta empatía con uno u otro de ustedes, los padres. Es normal que, dependiendo de la personalidad que tú tengas, te lleves mejor con el tipo de personalidad de alguno de tus hijos. Sin embargo, como adulta, debes saber relacionarte bien con todos tus hijos y apoyar la personalidad cada uno, cualquiera que ésta sea.

CONOCIENDO LAS DIFERENTES PERSONALIDADES

Como dije antes, a diferencia de los rasgos físicos, la personalidad de nuestros hijos no se ve tan rápido ni tan fácil. Va saliendo a la luz a medida que interactuamos con ellos, o cuando los vemos reaccionar de determinada manera ante ciertas situaciones.

¿Alguna vez viste las aventuras de Winnie-the-Pooh? Christopher Robin es un niño que juega con sus muñecos de peluche, y con ellos crea aventuras en lo que él llama «el bosque de los 100 acres». Pooh, el osito, es el personaje principal de estas historias. Él anda siempre con cuatro amigos que son muy diferentes entre sí. Y así como sucede con las personas en la vida real, cada uno de estos personajes interpreta o resuelve, desde su singularidad, las situaciones que se les presentan...

Pooh es un osito sensible, tranquilo y un poco distraído. Es muy curioso, y está siempre abierto a nuevas experiencias.

Eeyore, el burrito, siempre parece estar triste y es bastante negativo, aunque él se siente bien con eso. Es introvertido, y siempre tiene un punto de vista diferente al de los demás.

Piglet, el cerdito, disfruta de las cosas de la vida, ¡pero no de lo nuevo! Él tiende a ponerse nervioso ante la novedad. Es muy sentimental, y le preocupa también cómo se sienten los demás.

Conejo es un personaje al que no le gusta que le muevan sus cosas, ya que es sumamente organizado y estructurado.

Tigger, el tigre, es súper activo. No puede quedarse quieto ni callado, es muy impulsivo, y se mete en muchos problemas. También es muy extrovertido, y siempre quiere mostrarles a los demás sus capacidades.

Por supuesto, aunque nuestras familias no son un cuento, ¡en ellas podemos encontrar una gran variedad de personalidades! Y debemos cuidar, respetar, y amar a cada uno con la suya. Además, el caso particular de nuestros hijos, cuanto más los conozcamos más podremos ayudarlos a crecer sanos y a saber balancear aquellos aspectos positivos de su personalidad, con aquellos otros aspectos que pueden provocarles dificultades o limitaciones en la vida. Por eso es importante que nos dediquemos a observar a nuestros hijos para descubrir qué características especiales ha puesto Dios en cada uno de ellos.

Muchos investigadores se han dedicado a intentar definir y categorizar los distintos tipos de personalidad que existen, y, aunque se sabe que cada persona es única, se pueden observar ciertos rasgos o cualidades que predominan o se destacan más en unas que otras.

En el siglo XX fue cuando más avances se hicieron sobre este tema, y el psicólogo Inglés-Americano Raymond Cattell se dedicó por muchos años a medir los resultados de los análisis sobre los diferentes tipos de respuestas que las personas dan a la vida. Uno de sus grandes aportes, con el cual la mayoría de los profesionales en el tema están de acuerdo, fue la categorización de la personalidad en 5 grandes factores a medir:

(Factor O): Apertura a la experiencia

Este factor responde a las preguntas: ¿Qué tan dispuesta está la persona a descubrir nuevas experiencias?; ¿Qué tan curioso es?

La persona abierta a la experiencia tiene una relación fluida con su imaginación, aprecia el arte y la estética, y es consecuente con sus emociones y las de los que le rodean. Prefiere romper con la rutina, y suele poseer conocimientos sobre amplios temas debido a su gran curiosidad intelectual.

La personalidad opuesta tiene intereses más convencionales. Disfruta de lo sencillo más que de lo complejo. Suele observar a las ciencias o al arte como disciplinas poco prácticas. Prefiere lo familiar a lo novedoso, y es apegado a la tradición.

A un niño que muestra una gran apertura a la experiencia, tenemos que acompañarlo en su exploración de cosas nuevas (pero tomando las debidas precauciones). Por otro lado, al que es poco inclinado a esto, debemos procurar darle confianza para que se anime investigar un poco más su entorno.

(Factor C): Responsabilidad

Este factor responde a las preguntas: ¿Cuán centrado está el sujeto en sus objetivos?; ¿Qué tan disciplinado es para alcanzar sus metas?

Una persona con alta puntuación en este aspecto es una persona organizada, con alta capacidad de concentración, que termina siempre sus tareas, y que piensa antes de tomar una decisión.

Si tenemos, por el contrario, un niño con poca disciplina y muy desordenado, tendremos que ayudarle con sistemas que le sirvan para recordar que el orden es importante, y buscar formas de motivarlos para terminar las tareas que iniciaron.

(Factor E): Extraversión

Este factor responde a las preguntas: ¿Qué tan abierto es con las demás personas?; ¿Cómo es su desarrollo en lo social?; ¿Disfruta de estar rodeado de otras personas?

Aquellos con alta puntuación en este factor son considerados extrovertidos: les gusta expresarse ante las demás personas, y disfrutan de lo social. Suelen ser dados a la acción.

Su opuesto es la introversión, que se traduce en personas más reflexivas y menos orientadas a la acción que los extrovertidos. Se trata de personas y muy reservadas, tanto que a menudo son tachadas de antipáticas. Esta clase de personas suelen ser bastante independientes, porque prefieren estar solas, y eligen la rutina y el ambiente familiar por sobre los lugares bulliciosos y llenos de gente. Pero todo esto no quiere decir que sean menos felices, y pueden disfrutar mucho en círculos pequeños de amistad.

(Factor A): Amabilidad

Este factor responde a la pregunta: ¿Qué tan empático es frente a las emociones y los sentimientos de los demás?

Aquí se intenta medir el grado en que la persona se muestra respetuosa, tolerante y comprensiva ante los sentimientos de quien tiene en frente.

Una persona amable confía en la honestidad de los otros individuos, y tiene vocación para ayudar y asistir a quien lo necesite, mostrándose a la vez humilde y sencilla.

Por ejemplo, los niños con este factor alto van a percibir los estados de ánimo de sus padres aunque estos traten de ocultarlos. También es posible que se preocupen si un hermano o un compañero de clase está sufriendo, y busquen maneras de ayudarlo.

(Factor N): Estabilidad emocional

Este factor responde a las preguntas: ¿Cómo reacciona el sujeto ante las crisis o situaciones complicadas?; ¿Se altera mucho, o tiende a mantenerse estable?

Las personas tranquilas, no muy proclives a sentir rabia o a enfadarse, suelen permanecer animadas en todo momento y gestionan muy bien sus crisis personales.

A los niños que muestran bajos niveles de estabilidad emocional debemos enseñarles a manejar mejor el estrés y la frustración, y a usar las palabras correctas en vez de dar golpes o tirar las cosas.

También debemos tener en cuenta que la forma en la que los niños resuelven sus crisis, además de tener que ver con su personalidad, viene por un aprendizaje a partir de lo que ellos observan. Nosotros somos un punto de referencia fundamental para ellos. Si los niños observan a padres o madres que frente a las dificultades tienden a la depresión, es posible que adopten este modelo. Por otra parte, si los niños observan gritos, golpes, y peleas a la hora de resolver los conflictos entre los adultos, entonces van a creer que esa es la forma adecuada para resolver sus propios conflictos.

Pero volviendo al tema de la personalidad, quiero recalcar que no hay personalidades buenas o malas. Es un error pensar así. Las personalidades son la forma en que cada uno de nosotros estamos diseñados para responder a lo social, a nuestras responsabilidades, a las relaciones con otras personas, y a los problemas de la vida. Cada personalidad tiene sus puntos fuertes y sus puntos débiles.

Y los padres debemos ayudar a potenciar las fortalezas de nuestros hijos, así como también ayudarlos con sus debilidades. El enfoque debe estar, además, en moldear su carácter: que amen lo recto, que hablen la verdad, que teman al Señor, y que persigan la justicia y la misericordia, independientemente de la personalidad que cada uno de ellos tenga. Nuestra meta no debe ser cambiarlos, ni convertirlos en nuestro «ideal» de hijo o hija, sino lograr que cada uno sea exitoso, desarrollándose dentro del diseño de Dios con el potencial y las características particulares que Él puso en ellos.

Capítulo 04

ENEMIGOS DE LA IDENTIDAD

Es importante ser conscientes de que la identidad (al tener su base en lo que sabemos de nosotros mismos por descubrimiento personal y por la información que obtenemos de los demás) es algo vulnerable. Cuando tenemos una imagen distorsionada de nosotros mismos o de la realidad, esto puede dar como resultado timidez, temor, o falta de acción, entre otros.

Ahora bien, la forma en la que nosotros como padres le explicaremos al niño quién es, dependerá mucho de lo que nosotros creamos que define a una persona. En otras palabras, ¿qué es lo que te hace a ti, mamá, importante y valiosa?

Al hacernos esta pregunta tal vez nos demos cuenta que nos hemos contagiado de los valores de la sociedad actual. ¿Le damos más importancia al tener que al ser? ¿Será el estatus lo que me define? ¿Mi profesión, mis logros, mi raza, mi dinero, mi belleza?

Nosotras ya somos grandes; hemos recorrido un largo camino de aprendizaje que nuestro hijo apenas está comenzado. En nuestro viaje, hemos aprendido a valorarnos y a definirnos... probablemente *mal*. Por eso, necesitamos empezar por nosotras mismas, quitando de nuestra cabeza nuestros propios conceptos errados.

> **Mi identidad es lo que yo valgo como persona, por mi corazón, por mi esencia.**

Cuando quitemos todas esas cosas que usamos para «definirnos» pero que en realidad son superfluas, entonces llegamos al meollo de lo que es realmente identidad. Mi identidad es lo que yo valgo como persona, por mi corazón, por mi esencia. Mi identidad es todo aquello que nada ni nadie me puede quitar.

Por eso es que nuestro enfoque en los hijos siempre debe estar en el *ser*. Porque así como nosotros tenemos nuestros «enemigos» de la verdadera identidad, así los niños también los tienen, y debemos ser muy conscientes de ellos para enseñarles a defenderse.

1. Errores que Cometemos los padres

- **La rigidez y el temor**
  En la etapa que va de los tres años en adelante, el mundo se les abre a los pequeños. Su imaginación vuela, y realmente creen que pueden hacerlo todo y explorarlo todo. Si somos madres rígidas o temerosas, vamos a poner límites demasiado estrictos que no van a darle a nuestros hijos la oportunidad de explorar todo lo que son capaces de hacer. Quizás la rigidez hasta nos impida celebrar sus logros, o darles palabras de afirmación que echen fuera los miedos cuando ellos lo necesiten. Recuerda: cada oportunidad que tenemos de animar a nuestros hijos a intentar algo nuevo abre las puertas a una valiosa lección que puede acompañarlos por el resto de sus vidas.

- **El perfeccionismo**
  El perfeccionismo, al igual que la rigidez, nunca celebra nada. Jamás está conforme con los resultados, y siempre «le quedan debiendo». Una madre

perfeccionista está constantemente diciéndole a su hijo: «No eres lo suficientemente bueno para... Incluso si no lo expresa con esas palabras, su hijo puede entender claramente el mensaje.

Como si esto fuera poco, si somos mamás perfeccionistas vamos a impedir que nuestros hijos se hagan responsables. Al no darles tareas (porque «Mejor lo hago yo; tú no lo haces como se debe») finalmente terminarán no haciendo nada. ¿No será que en realidad lo están haciendo bien, solo que de una forma distinta a la nuestra?

El perfeccionismo lastima a nuestros hijos, y puede convertirse en una voz que ellos oirán por el resto de sus vidas. Una voz que les dice lo que «deberían» ser, en lugar de reconocer y valorar lo que ellos son. Dentro de su cabeza, el pensamiento que estará rondando siempre será algo como:

«Debería ser como mi hermano»
«Debería ser bueno»
«Debería ser ordenado»
«Debería entender mejor cuando me explican algo»
«Nunca debería haber hecho tal o cual cosa»
«Etc., etc.

• El concepto del «hijo ideal»

> **No es bueno que como padres intentemos guiar (o forzar) a nuestros hijos a ser quienes realmente ellos no son.**

Antes de que nuestros hijos nazcan, los padres solemos tener ideales de cómo queremos que sean. Y es bueno y normal que tengamos metas de bien para ellos. Sin embargo, no es bueno que como padres intentemos guiar (o forzar) a nuestros hijos a ser quienes realmente ellos no son. No está bien, por ejemplo, obligar a nuestro hijo a practicar un deporte aunque al niño no le guste, solo porque es algo popular en nuestra cultura, o forzarlo a tocar un instrumento porque quizás nosotros lo soñamos cuando éramos niños y queremos ahora compensar nuestra frustración con las vidas de nuestros hijos. Otro ejemplo de guiar a nuestros hijos en algo que no son, es cuando determinamos desde temprano su oficio o profesión: «Aquí viene el médico que me va a cuidar cuando sea viejita», o «Tú seguramente vas a ser ingeniero como tu padre y tu abuelo, porque es una tradición en esta familia». Cuando los adultos hacemos esto, el niño va a sentirse condicionado a cumplir el «mandato familiar» y hacer lo que se espera de él, y le estaremos robando así la opción de explorar lo que realmente a él le gustaría ser o hacer.

Esto no solo sucede con las profesiones. Algunas madres tal vez soñamos con hijos de personalidad extrovertida, que no tengan temor de hablar en público, y que sean audaces y valientes para conquistar nuevos retos. Si entonces nos toca un niño que es introvertido y que no funciona de la manera que esperábamos, es posible que al insistirle en que «se anime» o en que «sea valiente», él piense que ser introvertido es malo y comience a desarrollar patrones de pensamiento incorrectos sobre sí mismo.

El problema con el «hijo soñado» es que tarde o temprano se va a chocar con el hijo real que tenemos. De esta manera nos vamos a perder la oportunidad de descubrir todo el potencial que nuestro hijo real tiene.

Y lo peor es que cuando un hijo no siente que satisface a sus padres o que les causa orgullo, seguramente va a terminar con patrones de pensamiento negativos que atacarán directamente a su identidad («Yo no soy bueno como soy», «Algo malo debo tener», o «Yo nunca podré hacer nada bien»).

2. El bullying

El bullying, o acoso, es el maltrato físico o psicológico constante que recibe un niño de parte de otros niños (pueden ser familiares también) con el fin de someterlo o asustarlo y obtener de él algo a cambio, o simplemente por satisfacer una necesidad de agresión.

El bullying es un gran problema que se está viviendo hoy día en las escuelas, y los padres debemos preparar a nuestros hijos en contra de esto y pararnos también nosotros firmes en contra de este ataque hacia nuestros pequeños.

También es importante entender que si un niño (ya sea nuestro hijo, o cualquier otro) vive en una casa donde hay violencia de diversos tipos, puede ser él quien origine el bullying hacia otros niños, porque inconscientemente creerá que existen solo dos tipos de personas en las relaciones: el que agrede, y la víctima.

Como madres, debemos convertirnos en expertas para poder detectar a tiempo cualquier caso de bullying que pudiera estar sufriendo nuestro hijo. El bullying jamás debe ser ignorado ni tolerado. Dependiendo de la personalidad de nuestro hijo, es posible que no nos diga lo que está sucediendo. Por esto es bueno hacerle diferentes tipos de preguntas acerca de cómo se siente en la escuela, cómo se portan los otros niños, o si hay algo que le molesta o incomoda. Otra forma de detectar si un niño está siendo víctima de bullying es observar si trae moretones o rasguños frecuentemente. Pregunta y observa la respuesta de tu hijo. Observa su comportamiento al responder. Fíjate si es evasivo, se pone nervioso, o baja la cabeza.

Pero el tema no termina aquí. Escuchar a nuestros hijos es importante, pero más lo es tomar acción. Algunas cosas se pueden resolver pronto cuando les damos consejos a nuestros hijos sobre cómo defenderse del bullying, pero si el problema persiste a pesar de que nuestros hijos aplicaron nuestros consejos, entonces tenemos que tomar otras medidas:

- **Si detectas que hay bullying dentro de la casa:** Debes aplicar disciplinas contundentes que paren el comportamiento de el/los agresor/es.

- **Si detectas que hay bullying en la escuela:** Debes hacer una cita rápidamente con la maestra y notificar del caso a la dirección, presionando así para que se tomen medidas de protección hacia tu hijo y medidas de tratamiento hacia el agresor. Si el bullying no desaparece, evalúa cambiar a tu hijo de curso, y si es necesario de colegio.

Debes tener en cuenta, además, que el bullying generalmente lo inicia una persona pero nunca actúa sola. El agresor siempre va a buscar aliados para arremeter contra la víctima, y esto hace que resulte más difícil aun defenderse, ya que se trata de un caso de «uno contra muchos».

Si tu hijo está siendo víctima de bullying es muy importante que, además de tomar los pasos de acción que acabo de mencionar, dediques un tiempo para que puedan conversar tranquilos sobre esto. Refuerza tus palabras de afirmación hacia tu hijo. Va a ser necesario que ores junto a él para afirmarlo en la verdad de que nunca está solo, porque el Señor está siempre con él. Ora para que ninguna mentira se establezca en su mente ni en su corazón. Y ora para que el Señor guarde su integridad física en todo momento.

También puedes compartir con tu hijo los siguientes consejos tomados de la organización «*Kids Health*» (Niños Saludables):

- **Ignora el bullying.** Lo que ellos están esperando es una reacción para seguir atacando.

- **Párate firme.** Tal vez no te sientas más valiente ni más fuerte que ellos. Pero cuando te traten mal, habla muy fuerte y diles: «¡Basta ya!» o «¡NO MÁS!». Luego busca lo más rápido que puedas a una autoridad para contarle lo sucedido. Actúa con mucha confianza, aunque por dentro no la tengas, para cortar la manipulación o la agresión.

- **Busca amigos que te puedan ayudar.** Recuerda que dos son mejor que uno. Evita momentos a solas con quienes pretenden agredirte, especialmente si el bullying es físico.

- **No respondas con bullying.** No es portarse como cobarde; la regla de no agredir a nadie vale para todos.

- **Dile a un adulto.** Esto es lo correcto, aunque te pongan apodos o sobrenombres. Las reglas del juego son claras, y no es porque no puedes defenderte, sino porque no deseas ser igual a ellos ni seguirles el juego respondiendo a su ataque. Por eso los delatarás. Porque los adultos son los responsables de ponerles límites a los niños.

3. El enemigo espiritual

En la segunda carta del apóstol Pablo a los Corintios, él advierte que el enemigo tiene maquinaciones, planes e intenciones en contra nuestra, las cuales no debemos ignorar (2 Corintios 2.11). ¡Debemos estar alertas, para poder defendernos y no caer en sus planes! En el caso específico de Pablo, él les pide que perdonen, consuelen y reciban a una persona que le había hecho mal y que al parecer se había arrepentido, *«no vaya a ser que se consuma de tanta tristeza»* (v. 7).

La Biblia nos dice que sobre toda cosa guardada debemos guardar nuestro corazón, porque de él mana la vida (Proverbios 4.23), y el enemigo también sabe esto. Del corazón salen tanto las cosas buenas, como las perversas. Todo depende de qué cosas hemos permitido entrar en él.

La forma en que el enemigo nos ataca desde muy temprano en la vida es con pensamientos incorrectos, que luego se arraigan en el corazón. Por eso es muy importante que como madres estemos bien atentas, para poder cuidar a nuestros hijos de sus maquinaciones. ¿Cómo hacemos esto? Prestando atención a lo que hablan nuestros pequeños. No los regañemos tan rápido cuando se expresan incorrectamente. Aquí no me refiero a las faltas de respeto que sí debemos corregir, sino a que no los frenemos tan rápido cuando expresan lo que están pensando, aunque sea incorrecto. Quizás en esas palabras descubramos la trampa del enemigo para dañar sus corazones. Luego de escucharlos atentamente, podemos ayudarlos en amor a corregir esos pensamientos equivocados.

Quizá puedas oír: «¿Por qué siempre me castigan injustamente?», y tu primer reflejo tal vez sería reaccionar: «¿Cómo te atreves a acusarme de ser injusta?». Pero no lo hagas. El punto aquí es que él cree, o siente, que hay una injusticia. Entonces, en lugar de regañarlo, es el momento de indagar más.

O tal vez oigas a tus hijos decir entre dientes cosas como: «Yo nunca seré bueno», o «No soy lo suficientemente capaz», o «No soy una buena hija, o un buen hijo», o «Yo siempre me porto mal», o «Yo soy un niño malo». Ese es el momento de sentarte a conversar con ellos y hablarles las verdades de Dios. De esta manera te asegurarás de arrancar estas mentiras a tiempo, antes de que se arraiguen definitivamente en sus corazones.

¿CÓMO ATACA EL ENEMIGO A NUESTROS HIJOS?

Las estrategias del enemigo son las mismas tanto con nuestros hijos como con nosotros, y se dan básicamente en dos formas:

- **Estableciendo en nosotros temor**
  El ataque por medio del temor está dirigido a derrumbar nuestra fe. Alguien lo definió como «fe puesta en el lugar equivocado». El objetivo del temor es que quitemos los ojos de Dios, y hacer disminuir nuestra confianza en Él, para en cambio ser paralizados y amedrentados por el enemigo. Cuando los imperios de la antigüedad querían conquistar nuevos pueblos, mostraban gran crueldad para así dominarlos con el sentimiento del temor.

  El temor paraliza, y nos impide caminar en la verdad de quiénes somos realmente. Por esto, mamá, cuida mucho lo que les hablas a tus hijos. No promuevas esas historias de miedo, de que si no te duermes pronto «viene el cuco a llevarte». No les enseñes a portarse bien amenazándolos conque «te va a llevar la policía». Cuida mucho también lo que oyen de otras personas, y lo que ven películas o en televisión. No le des oportunidad al enemigo de sembrar temor en tus hijos, y estate atenta a escuchar sus temores para en seguida devolverles la confianza en el Señor. Encuentra versículos que ellos puedan aprender desde pequeños, y empieza a entrenarlos en cómo pelear y cómo defenderse.

Recuerda que, ante el temor, tenemos dos herramientas de guerra que nos han sido dadas: el escudo y la espada. El escudo, dice Pablo en Efesios 6.16, es la fe. Fe quiere decir todo aquello que sabes de Dios. Esta es la verdad que tiene que traerse a la batalla cuando estamos enfrentándonos al temor.

¿Qué saben tus hijos acerca de Dios? ¿Saben que es todopoderoso, que es invencible, que nunca nos deja solos, que nos ama, y que nada malo podrá tocarnos, porque como buen pastor nos protege aun cuando hay amenazas de muerte? Si no conocen estas verdades, ¡tú debes enseñárselas! El temor se deshace ante la verdad proclamada del Señor. Por eso la alabanza es tan poderosa, ¡porque proclama quién es Dios!

Proclamar lo que el Espíritu nos recuerda es un antídoto contra el temor.

La segunda arma de guerra que nos es dada es la espada. El apóstol Pablo nos dice en Efesios 6.17 que esta es la espada del Espíritu, que es la Palabra de Dios. Lee con tus hijos cada día la Palabra de Dios. Memoriza junto a ellos versículos bíblicos. Llena con la Palabra del Señor sus corazones y mentes. Esto será de gran utilidad en el día de la batalla, porque proclamar lo que el Espíritu nos recuerda de Su Palabra resulta destructivo para el temor.

En cierta ocasión Victoria no podía dormir, y me llamó muy inquieta. Ella me dijo: «Por favor, ora por mí. Cada vez que cierro los ojos veo cosas feas y me dan miedo». En lugar de simplemente orar por ella, ¡yo decidí aprovechar esa oportunidad para entrenarla! Le dije que siempre oraba por ella, pero que en esta ocasión le iba a enseñar a ella cómo defenderse. Entonces le recordé que ella había memorizado el Salmo 23, y que ahora necesitaba hacerle una variación, necesitaba hacerlo suyo. Le dije: «Cuando vayas diciendo este Salmo, mírate a ti misma como la oveja. Entonces, como una ovejita, vas a decirle al Señor: «Tú eres mi pastor, y nada me va a faltar. En lugares de delicados pastos me harás descansar (imagínate a ti misma corriendo en esos pastos verdes). Junto a aguas de reposo me pastorearás (imagínate bebiendo de esas aguas). Tú cuidas de mi alma; no tengo miedo porque cuidas de mí... ». Cuando llegamos a la parte de «aunque ande en valle de sombra de muerte», le dije a Victoria: «Ahora alza tu voz y di: "¡No temeré mal alguno porque tú estás conmigo!"». Cuando terminamos, ella tenía una gran sonrisa en su rostro y me dijo: «Gracias mamá». ¡Qué gran triunfo!

Quisiera poder decirte que Victoria nunca volvió a sentir temor, pero la verdad es que creo que en una ocasión más sucedió algo parecido... y es bueno que así haya sido, porque entonces aproveché para recalcarle cómo debía proceder ante el temor, y para afirmar en ella la verdad de que el Señor ya nos dio su victoria.

•Estableciendo en nosotros mentiras en reemplazo de la verdad

En Juan 10.10 Jesucristo nos advirtió que Satanás actúa conforme su naturaleza: él es mentiroso, asesino y ladrón. Él quiere matar nuestra fe y robarnos lo que nos pertenece, y para ello su principal estrategia será hacernos creer mentiras acerca de quiénes somos y de quién es Dios.

En 2 Corintios 10.3-5 la Biblia nos enseña que el campo de batalla principal es nuestra mente. El apóstol Pablo nos dice que es allí donde se levantan las fortalezas, que son argumentos y pensamientos rebeldes, en contra del establecimiento del conocimiento o de la verdad de Dios en nuestra forma de pensar. Por eso, continúa diciendo el apóstol, debemos estar en guardia con nuestra mente, para llevar al sometimiento de Cristo a todo pensamiento que se levante en mentira.

Es tan importante enseñar a nuestros pequeños a ser responsables por lo que piensan, y a pensar correctamente!

Aunque el enemigo no es el responsable de todas nuestras malas acciones, sí tiene parte al plantar semillas de mentira en nosotros. Nosotros somos los responsables de arrancar esa semilla, o de regarla y hacerla germinar. Somos nosotros los administradores de lo que dejamos anidar nuestra mente y, por lo tanto, debemos tomar la autoridad y ser determinados en definir claramente lo que queremos que allí se establezca y lo que no.

¡Es tan importante enseñar a nuestros pequeños a ser responsables por lo que piensan, y a pensar correctamente! Debemos animarles a pensar bien porque la Palabra también enseña que el hombre es el resultado de su forma de pensar (Proverbios 23.7). Si ellos piensan mal de ellos mismos, van a manifestar eso que piensan en sus acciones. Si ellos piensan que son valiosísimos y amados hijos de Dios, entonces también se van a desempeñar seguros de sí mismos y de lo que son.

¡NO TE UNAS A LA VOZ DEL ENEMIGO!

La diferencia entre la voz del enemigo a la voz interna del Espíritu Santo es que el enemigo siempre habla desde la condenación: «Eres un desastre», o «Eres incapaz». La voz del Espíritu Santo, en cambio, nos habla con la verdad en amor: «Eso que hiciste o dijiste no está bien». Su voz siempre nos acerca a Dios y nos mueve al arrepentimiento: «Discúlpate con tu amiga», o «Necesitas acercarte más a tu Padre Celestial para vencer este asunto». La voz del Espíritu Santo nos da una salida. ¡Es una voz de esperanza!

¿Cómo son tus palabras cuando tu hijo se porta mal o hace algo que no debe? ¿Son de condenación, o son de amor y esperanza? Los niños manifiestan de vez en cuando actitudes equivocadas, comportamientos incorrectos, malos hábitos... como todos nosotros. ¡Pero ellos no SON esas cosas malas que hacen o dicen! Ellos no SON desordenados, ellos no SON mentirosos, ellos no SON groseros. Así es como les habla el enemigo para desacreditarlos y daña su identidad. ¡Nuestra voz, mamás, no puede parecerse a la voz del enemigo! Debemos tener cuidado con decir que *son* algo que realmente *no son*. Debemos buscar que nuestra voz se parezca a la del Espíritu Santo, hablándoles siempre a nuestros hijos con palabras de aliento, amor, y esperanza. Palabras que los ayuden a encontrar una salida a su mal comportamiento, y no que los etiqueten como si ese mal comportamiento fuera un pozo del que nunca podrán salir.

Debemos buscar que nuestra voz se parezca a la del Espíritu Santo, hablándoles siempre a nuestros hijos con palabras de aliento, amor, y esperanza.

Cuando corrijo a mi hija cuido muy bien mis palabras, ya que el Espíritu Santo me ha advertido mucho sobre la importancia de hablarle de la manera apropiada. Si veo desorden en su cuarto, le digo: «Aquí hay desorden y debes arreglarlo». En otras ocasiones le diré: «Tienes una actitud incorrecta, y eso no lo voy a dejar pasar», o «Estás usando la mentira y eso no está bien; escoge la verdad».

Por otra parte, ten presente que los niños tienden a asociar nuestro enojo o la disciplina que les ponemos, con su valía o el nivel de amor que les tenemos. Como padres, tenemos que cuidar esto. ¡Nunca se debe poner en duda nuestro amor! Ellos deben saber que no los amamos más porque se porten bien, ni los amamos menos porque se porten mal. ¡Los amamos por el hecho de que son nuestros hijos y eso jamás estará en discusión!

Pero... tenemos que explicarles que los amamos tanto que no vamos a dejar que sigan con esas actitudes equivocadas. En ocasiones mi hija ha dicho: «Soy una niña mala», y yo la corrijo y le digo: «No, tú eres una excelente niña, pero ahora tenemos que corregir esa actitud.» Otra frase que uso para corregir malas actitudes es: «Mira, tú tienes un corazón tan lindo que no voy a dejar que tomes esa actitud (grosera, egoísta, o lo que sea).»

Como mamá, el Espíritu Santo te ayuda en tu debilidad. ¡Enséñales a tus hijos que esa verdad funciona para ellos también! Y cuando ellos digan: «Yo intento portarme bien, pero no puedo», créeles, ¡porque tú también intentas portarte bien y no puedes! Luego diles que le pidan ayuda al Espíritu Santo. Anímalos a caminar con Él, y a depender de Él en todo tiempo. Esa es la única forma de mantenerse lejos del mal. Tanto para ellos como para ti.

Capítulo 05

LO QUE REALMENTE IMPORTA

«Dios, quien comenzó la buena obra en ustedes, la continuará hasta que quede completamente terminada.»
Filipenses 1:6

Todas las buenas madres tenemos como meta un mejor futuro para nuestros hijos. La pregunta es si sabemos bien lo que ellos realmente necesitan para tener un mejor futuro. Trabajamos demasiado, sacrificando el pasar tiempo con ellos con el fin de darles mejores cosas, como una mejor casa, juguetes que nosotros no tuvimos, la mejor educación, etc. Sin embargo, al perseguir lo que creemos que ellos más necesitan, ¡nos arriesgamos a perderlos a ellos! ¡Ellos anhelan y necesitan nuestra compañía, atención, afirmación e instrucción, y eso no se puede reemplazar con nada que el dinero pueda comprar!

En el año 2017 sufrimos una gran inundación causada por el huracán Harvey, el cual azotó con varios días de intensa lluvia a la ciudad de Houston. No pudimos regresar en seguida a vivir a nuestra casa, así que mientras la reparábamos tuvimos que rentar un apartamento pequeño que amoblamos con lo necesario y, por supuesto, con los juguetes preferidos de Victoria que logramos rescatar. Nuestro enfoque principal era buscar estabilidad para nuestra hijita, así que le colgamos sus fotos y le adornamos su nuevo cuarto con lo que le era familiar, intentando que se adaptara lo más fácil y rápido a su nuevo hogar temporal.

No había pasado una semana cuando ella nos dijo: «Papá, mamá, ¡me gusta mucho más el apartamento que la casa que teníamos!». Nos sorprendimos por su comentario, y al preguntarle el por qué, ella respondió: «Es que ahora mi cuarto de juego está en la sala, ¡y entonces estamos todos juntos!». Ella disfrutaba más el apartamento pequeño que su casa más amplia porque nos mantenía a todos en un mismo lugar. Ella estaba allí jugando mientras yo preparaba la cena y papá estudiaba. Ya no había paredes que separaban su cuarto de juego de la cocina y de la oficina de papá. Todos estábamos juntos haciendo cada uno lo que tenía que hacer.

Los adultos nos esforzamos tanto por pagar casas grandes para que nuestros hijos «estén más cómodos» cuando en realidad lo que ellos más desean es estar cerca nuestro.

¡Qué gran lección nos dio el huracán Harvey! Los adultos nos esforzamos tanto por pagar casas grandes para que nuestros hijos «estén más cómodos» y no haya desorden de juguetes en la sala, cuando en realidad lo que ellos más desean es estar cerca nuestro, para que participemos de sus juegos o para que por lo menos los veamos jugar. ¡Ellos nos anhelan a nosotros!

Al regresar a nuestra casa, por supuesto, decidimos simplificar los espacios y acomodarnos de una manera diferente procurando estar siempre cerca los unos de los otros. Porque la pequeña Victoria nos había ayudado a ver lo que de verdad era importante.

Quizás tú no tengas el «buen problema» de vivir en Texas, donde la mayoría de las casas son muy grandes. Quizá estés siempre tratando de solucionar el problema del espacio para mantener un poco el orden. Solo quiero decirte que tengas cuidado con lo que deseas, y cuidado con lo que persigues. Tal vez hoy en día estés teniendo la gran oportunidad de estar cerca de tus hijos, y no la estés valorando. Aunque griten, peleen y desordenen, recuerda que es solo por un corto tiempo… un tiempo que pasará rápido. Y mientras pasa, ellos anhelan que tú estés ahí para celebrar sus triunfos, para ayudarlos a resolver sus conflictos, para alentarlos cuando se les presenta un desafío, y para mostrarles tu amor y tu interés en lo que hacen, estableciendo así vínculos fuertes y saludables.

ALGUNOS PRINCIPIOS BÁSICOS EN LA FORMACIÓN DEL CARÁCTER DE NUESTROS HIJOS

El carácter es una de las cualidades principales que definen la identidad de las personas. Me refiero aquí al carácter como el conjunto de principios, valores y virtudes de cada ser humano. El carácter, a diferencia de la personalidad, se aprende y se modifica. Aunque existan algunas virtudes innatas en cada uno de nosotros, la mayoría deben adoptarse intencionalmente. El carácter será como los rieles sobre los cuales una persona dirige su vida; esto afecta su manera de pensar, de actuar y de reaccionar, sus deseos, y su forma de relacionarse con los demás. Dicho de otro modo, el carácter afecta todas las esferas de la vida.

Hablamos recién de virtudes y valores, y es importante conocer la diferencia entre ambas cosas:

- **Los valores** son aquellas cosas que el hombre conoce, acepta y vive como algo bueno para su vida. Un valor es todo aquello que, precisamente, se «valora» como bueno, como deseable, o como necesario. Por ejemplo, para determinadas personas puede tener un valor muy alto el poseer un hermoso automóvil, mientras que para otras no. Para unos la verdad tiene un valor muy alto, mientras que para otros no tanto.

Un valor puede distinguirse respondiendo a la pregunta: ¿Qué es lo que amas o persigues con más intensidad en la vida? El dinero, la sabiduría, o el hacer lo que le agrada a Dios, son algunas respuestas posibles. Y, aunque todos los hogares tengamos valores, cada hogar establece la escala o la importancia de sus valores. Es decir que, al mismo valor, cada uno le asigna una importancia mayor o menor.

• **La virtud** es la fuerza que produce el obrar bien. Las virtudes provienen de Dios, ya que en Santiago 1.17 leemos que *«todo lo que es bueno y perfecto es un regalo que desciende a nosotros de parte de Dios nuestro Padre»* (NTV).

Algunas virtudes, entonces, serán innatas: nacemos con rasgos de Dios en nuestro ser, como la paciencia o la bondad. Y otras virtudes tendremos que adoptarlas ejercitándonos en ellas, siendo intencionales, y valorándolas
como prioridad.

En el tema de la moral, por la naturaleza pecaminosa con la que lidiamos, vamos a sufrir la disyuntiva que explica el apóstol Pablo en Romanos 7.18: quiero hacer el bien, pero no tengo la fuerza o la virtud para poder llevarlo a cabo. Aquí es donde interviene el poder del Espíritu Santo. A los que caminamos con Él y deseamos obrar bien pero no podemos, el Espíritu nos hace «nacer» virtudes en nuestro ser como un fruto o un testimonio de Su presencia en nuestra vida.
El amor, la alegría, la paz, la paciencia, la gentileza, la bondad, la fe, la humildad y la prudencia o dominio propio, son todas virtudes o frutos que el Espíritu Santo genera en nosotros (Gálatas 5.22-23).

LA TAREA DE ENSEÑARLES SOBRE LA MORAL A NUESTROS HIJOS ES NUESTRA

A causa de los múltiples compromisos que los padres modernos tenemos, la tarea de educar intencionalmente a nuestros hijos en el área de la moral se hace cada vez más difícil. ¿Qué hacemos entonces? Delegamos esa misión en otros.

La sociedad es hoy en día uno de los mayores formadores de los niños y jóvenes. Le hemos dado el poder de ser la influencia número uno sobre nuestros hijos. Ellos adoptan para sus vidas los valores y principios que ven en la televisión o en YouTube. Mientras nuestros hijos son pequeños, ciertos valores como el respeto, la tolerancia y el trabajo en equipo son resaltados por todos los programas dirigidos hacia ellos. Pero a medida que crecen, podemos ver cómo la popularidad, la belleza, la destreza y el «yo primero», pasan a ser los valores que encabezan la lista.

Otro lugar en donde solemos delegar esta misión es en las instituciones educativas. Sin embargo, debemos tener presente que aunque cada una de ellas persigue sus propios valores como institución (entre los cuales generalmente sobresalen la excelencia, el respeto y la responsabilidad), su misión suele ir enfocada a capacitar a las personas para desarrollarse en el ámbito social y laboral, y no tanto a cuidar su corazón y otros aspectos importantes de sus vidas.

El formar a nuestros hijos como hombres y mujeres de Dios debe partir de una vivencia diaria, y no de una visita semanal al templo.

La otra entidad en donde delegamos nuestra responsabilidad de formación es la iglesia. Creemos (¡y ojalá fuera así!) que con llevar a nuestros niños fielmente cada domingo a la clase de escuela dominical, ellos van a formarse como hombres y mujeres de Dios. Claro que allí se los va a exponer a los principios y valores del reino de Dios, pero la idea de estas clases es ser un apoyo en tu labor de formadora del carácter, y no un sustituto. Mi esposo suele decir que el creer que con solo ir a la iglesia nos hacemos cristianos es como creer que por cenar todos los viernes en un McDonald's nos convertiremos en hamburguesa. El formar a nuestros hijos como hombres y mujeres de Dios debe partir de una vivencia diaria, y no de una visita semanal al templo.

Sé que puede parecerte una tarea difícil, pero si decides asumir con responsabilidad tu llamado y le pides al Señor que te llene de sabiduría para hacerlo, ¡puedo asegurarte que lo vas a hacer bien! La Biblia nos anima en Santiago 1.5 de la siguiente manera: *«Si a alguno de ustedes le falta sabiduría, pídasela a Dios. Él se la dará, porque Dios da a todos en abundancia sin hacer ningún reproche»*. Tu parte en esto es desear con todo tu ser enfocarte en lo que es verdadero, en lo que perdura, en lo que nadie les podrá robar jamás a tus hijos. ¡Ese será tu sello en ellos!

NO PUEDES ENSEÑAR ALGO QUE NO ERES

El compromiso de educar a nuestros hijos para que sean hombres y mujeres de buena moral va a requerir que realmente vivamos los valores que deseamos que ellos aprendan.

Cuando se trata de la enseñanza de la moral, el desafío se vuelve mayor porque requiere que *seamos* aquello que les enseñamos a nuestros hijos que es moralmente correcto. Cuando ven que nos encontramos un celular y decimos «¡Qué de buenas estoy!» en lugar de intentar devolverlo a su dueño, estamos enseñándoles moral. Cuando nos escuchan sobornar a un policía que nos detuvo por exceso de velocidad, estamos enseñándoles moral. Cuando oyen que mentimos al hablar teléfono, estamos enseñándoles moral.

El compromiso de educar a nuestros hijos para que sean hombres y mujeres de buena moral va a requerir que realmente *vivamos* los valores que deseamos que ellos aprendan. Si queremos educarlos como hijos de Dios y que amen las cosas de Dios, entonces nosotros tenemos que amar a Dios y ser consecuentes con eso. Esto implicará vivir la fe en casa, honrar al Señor en su día, yendo y sirviendo en la iglesia, y también honrarlo con nuestras finanzas y en todas nuestras relaciones. Tal vez se trate de un esfuerzo grande, ¡pero te aseguro que valdrá la pena!

Estableciendo en nuestros hijos las virtudes y valores del reino de Dios.

A continuación te propongo una lista de virtudes, y algunos consejos para enseñar cada una de una manera práctica a nuestros hijos:

EL AMOR

Esta es la virtud de virtudes y el valor de valores. No se trata de sentimiento, ¡se trata de acción! Aplicar la regla de oro debe ser nuestra máxima en todas las relaciones: debemos tratar siempre a los demás como nos gustaría ser tratados.

El amor tiene también su orden, ya que debe ser:

- primero, a Dios

- segundo, a mí mismo

- tercero, a los demás

Estos son, entonces, los principios que debemos repetirles a nuestros hijos mientras van creciendo, aprovechando cada oportunidad que se nos presente. No debemos simplemente decirle a nuestro hijo: «Perdona a tu amigo». Vayamos un poco más allá, y tomémonos el tiempo para enseñarle: «¿Sabes por qué debemos perdonar? Porque esto le agrada a Dios, porque a nosotros nos gusta que nos perdonen cuando nos equivocamos, y porque esto además les hace bien a nuestras relaciones más importantes».

El amor es, además, el motor que impulsa al resto de valores. El apóstol Pablo deja bien claro en el capítulo 13 de su primera carta a los Corintios que de nada nos sirve estar llenos de virtudes si no tenemos amor.

LA VERDAD

Una clave para saber qué valores implementar en casa es preguntarnos: ¿qué valores tiene Dios? En otras palabras, ¿qué cosas ama Dios? Bueno, pues veamos:

- Dios ama la verdad en lo íntimo. (Salmos 51.6)

- Él ama la justicia, y los que aman la justicia verán su rostro. (Salmo 11.7)

- El Señor ama a sus hijos, y por eso los corrige. (Hebreos 12.6)

La verdad es, además, un testimonio de que somos hijos de Dios y no hijos de Satanás, quien es el padre de mentiras. Debemos animar a nuestros hijos a ser honestos a pesar de las consecuencias, y afirmar en ellos la idea de que la verdad es solo para gente muy especial, ¡para gente que es valiente! Tengamos cuidado con la tentación de mentir para «ayudarles» a salir de un problema. La frase «Yo te consigo una excusa médica para justificar tu falta» no debería pronunciarse nunca en un hogar cristiano.

Y hablando de valentía, retomemos la idea que mencionamos en el capítulo anterior sobre la armadura que Dios nos da para hacerle frente al enemigo (Efesios 6.14). Recuerda, y recuérdales a tus hijos, que el cinturón de esta armadura es «el cinturón de la verdad». ¡La verdad es lo que sostiene la armadura de Dios para que permanezca de continuo protegiendo nuestras vidas!

EL GOZO

Esta es la virtud que te mantiene alegre y con esperanza independientemente de las circunstancias. Es la fuerza que proviene de encontrar la fuente de la felicidad en Dios.

Se trata de un concepto difícil de alcanzar aun para los adultos, pero debes enseñarle a tu hijo que una de las cosas que él más debe cuidar es que nada le quite su alegría. Por eso, enseñarle a manejar su enojo y frustración es muy importante.

> **Debes enseñarle a tu hijo que una de las cosas que él más debe cuidar es que nada le quite su alegría.**

Cuando mi hija se enoja con alguien o por algo, nos gusta recalcarle que cuando ella conserva el sentimiento de enojo (que es una reacción normal y necesaria, pero que no debería durar mucho tiempo), esto le está robando la alegría. Así, le estamos enseñando que ella es la única dueña de su corazón, y que puede escoger la mejor opción.

La tristeza también es una ladrona de gozo. Cuando un niño está triste, esta es una alerta de que algo no está bien, y como padres debemos indagar la causa. Quizás tú como madre puedas tener alguna idea de qué es lo que le está causando tristeza a tu hijo, pero de todos modos es mejor preguntarle e insistir hasta que él mismo pueda hablar de lo que le pasa.

El cansancio en los niños (así como en los adultos) es una fuente de irritabilidad y también nos roba el gozo. A veces, con las agendas familiares tan ocupadas que tenemos, no les damos a nuestros hijos suficiente tiempo para descansar. Cuidemos de no sobrecargarlos con demasiadas actividades extracurriculares. A los niños debe quedarles tiempo libre para jugar, y también para descansar las horas necesarias.

¿Cómo cultivar el gozo en nuestros hijos? Cuando les enseñamos a poner su mirada Dios y en las cosas que Él puede hacer en medio de las situaciones difíciles, les estamos mostrando optimismo y esperanza, y eso ayuda a cultivar el gozo y la alegría en sus vidas. Si tu familia o tu hijo están atravesando situaciones difíciles, sería bueno que repasaran la historia de Moisés y el pueblo hebreo cuando salieron de Egipto. Cuando ellos se encontraron atrapados por el ejército egipcio que los perseguía, Dios abrió un camino por donde nadie se lo imaginaba: a través del mar. Cuando no tuvieron comida, Dios envió del cielo el maná para su sustento diario. Contarles a nuestros niños estas historias, y creer que Él va a ayudarnos a nosotros también, todo esto puede traer gozo y alegría al alma incluso en tiempos difíciles.

La depresión es algo que en los últimos tiempos está llevando al suicidio a muchos jóvenes, y aun a niños. Cuando no encuentran recursos en su alma que puedan sostenerlos, cuando no saben cómo pelear contra la tristeza que les producen las situaciones adversas, entonces se les derrumba el horizonte y se les acaba la esperanza. ¡Qué distinto sería el panorama si pudieran conocer a Dios y disfrutar del gozo que solo Él puede dar!

LA PAZ

El rol de las madres es clave para mantener la casa en paz.

Esta es la fuerza que nos mantiene en calma aun en situaciones de conflicto.

El rol de las madres es clave para mantener la casa en paz.

¡Cuidemos el ambiente en nuestro hogar! No levantemos la voz tan rápido. No nos alteremos por cosas que no tienen tanta importancia. No permitamos tampoco que el temor se apodere de nosotras y nos robe la paz.

A esto mismo es a lo que nos invita el apóstol Pedro, cuando dice:

«Procuren más bien la belleza pura, la que viene de lo íntimo del corazón y que consiste en un espíritu afectuoso y tranquilo. Esta es la que tiene valor delante de Dios.» (1 Pedro 3.4)

Una de las cosas que nos roban la paz es el estrés, que es la ansiedad por todo aquello a lo que tenemos que hacerle frente. El problema es que el estrés nunca se queda dentro de nosotros. Siempre busca la forma de salir, poniendo en tensión a los demás también.

Si este es tu caso, hoy en día hay muchos consejos sobre cómo eliminar el estrés, desde hacer algunos ajustes rápidos a tu vida, hasta hacer más ejercicio. Sin embargo, el consejo que nos dan las Escrituras es efectivo y sencillo: venir primero delante del Señor, poner todo en oración y **darle gracias** por todo lo que Él ha hecho. ¡Cuando recordamos lo que Dios ha obrado en el pasado, tanto en nuestra propia vida como en las historias que leemos en Su Palabra, esto nos devuelve la paz y nos afirma en la confianza de que el Señor tiene cuidado de nuestra vida y de nuestra familia!

Pablo lo dice de esta forma:

*«No se preocupen por nada; en cambio, oren por todo. Díganle a Dios lo que necesitan y denle gracias por todo lo que él ha hecho. **Así experimentarán la paz de Dios**, que supera todo lo que podemos entender. La paz de Dios cuidará su corazón y su mente mientras vivan en Cristo Jesús.»* (Filipenses 4.6-7, NTV)

Como mamá, debes estar atenta para identificar qué cosas están robándole la paz a tus hijos o estableciendo temor en ellos, y así poder ayudarlos. Aquí te comparto algunos consejos que pueden resultarte útiles:

- No cometas el error de discutir con tu cónyuge delante de los niños. Esta es una causa muy frecuente de temor, y provoca en los niños una sensación de inestabilidad.

- Controla lo que ellos ven en televisión, sobre todo en el mes de octubre, cuando toda la programación infantil es de monstruos, fantasmas, brujas, etc.

- No permitas que se cuenten entre hermanos historias de miedo, sobre todo porque los más pequeños no pueden diferenciar entre la realidad y la fantasía. Abrir la puerta del temor en las vidas de nuestros hijos es darle un arma al enemigo para que pueda atacarlos.

- **Ayuda a tus hijos a memorizar versículos bíblicos que los mantengan en paz**. Por ejemplo, si les cuesta dormirse por las noches, memoricen juntos: *«En paz me acuesto y me duermo, porque solo tú, Señor, me haces vivir confiado.»* (Salmos 4.8, NVI)

Las relaciones en conflicto también nos quitan la paz. Busca una pronta reconciliación, y escoge muy bien las batallas que valga la pena pelear. Hay un dicho popular que dice: «es mejor un mal arreglo que un buen pleito». Esto fue lo que hizo Abraham con su sobrino Lot cuando los criados de cada uno de ellos se peleaban por el pasto de las ovejas. Abraham decidió que Lot escogiera primero su parte, y por supuesto Lot escogió la de más pasto. Pero Abraham sabía que su bendición no iba a provenir de agarrar el mejor pasto, sino de confiar en Dios. ¡Y así fue! Dios siempre prosperó a Abraham, mientras que Lot, después de enriquecerse, perdió todo lo que tenía.

Para ayudarlos a evitar conflictos, puedes memorizar con tus hijos: *«Evitar la pelea es una señal de honor; solo los necios insisten en pelear.»* (Proverbios 20.3, NTV)

Finalmente, hay otro tipo de cosas que pueden quitarnos la paz. Me refiero aquí a situaciones de enfermedad, amenazas, o calamidades. Ante estas, Jesús nos prometió:

«Les he dicho todo lo anterior para que en mí tengan paz. Aquí en el mundo tendrán muchas pruebas y tristezas; pero anímense, porque yo he vencido al mundo.» (Juan 16.33, NTV)

Jesús también dijo que cuando trabajamos por la paz somos llamados hijos de Dios. Memoricen este versículo juntos: *«Dios bendice a los que procuran la paz, porque serán llamados hijos de Dios.»* (Mateo 5.9, NTV)

Finalmente procuremos, como madres, ser personas que buscan la paz, tanto con nuestras palabras como con nuestras acciones diarias. Nuestro ejemplo es la mejor enseñanza que podemos darles a nuestros hijos.

LA PACIENCIA

Esta es la virtud que nos ayuda a soportar y esperar en Dios. Cuando nuestros pequeños van madurando, nuestra meta debe ser enseñarles que las cosas no tienen que ser siempre YA.

Se debe tener paciencia:

- **Con uno mismo:** Tiene que ver con darse el tiempo para conquistar lo que se desea, con perseverar, con intentarlo una y otra vez, y con ser tolerantes frente a la frustración.

- **Con los demás:** Tiene que ver con «soportar con gracia» a las personas en sus debilidades. Le enseñamos a nuestros hijos esta virtud cuando no permitimos que los hermanos se burlen entre ellos o se pongan etiquetas groseras que demeriten al otro.

  Comparte con tus hijos los siguientes versículos:
  «El que controla su enojo es muy inteligente;
  el que se enoja fácilmente es un necio.»
  (Proverbios 14.29)

  «Es mejor ser paciente que poderoso; mejor es do
  minarse a sí mismo que conquistar una ciudad.»
  (Proverbios 16.32)

- **Con nuestros deseos:** La principal razón del endeudamiento de las personas es que no pueden esperar a ahorrar para obtener las cosas que quieren. («¿Para qué esperar si puedo tenerlo ya?») El no ser pacientes puede meternos en muchos líos y agregar a nuestras vidas un estrés innecesario. Fomentamos paciencia en nuestros hijos cuando les enseñamos el valor del ahorro, y cuando les mostramos que pueden alcanzar sus metas con determinación y dando un paso a la vez, así como lo hace un agricultor con su cultivo.

Comparte con tus hijos los siguientes versículos:

«Guarda silencio ante el Señor, y espera en él con paciencia; no te irrites ante el éxito de otros, de los que maquinan planes malvados.» (Salmos 37.7, NVI)

«Por eso, hermanos, tengan paciencia hasta que el Señor venga. Sean como el agricultor que espera a que la tierra dé su precioso fruto y aguarda con paciencia las temporadas de lluvia.» (Santiago 5.7)

1. Establece en tu familia el valor del dinero

Como hemos dicho más arriba, el buen o mal manejo del dinero está íntimamente relacionado con la paciencia. Además, a los niños les toma tiempo entender el valor del dinero y cómo funcionan las transacciones.

Cuando era más pequeña, mi hija veía la tarjeta que yo usaba para las compras como si fuera una «varita mágica» que hacía que las cosas pasaran de la tienda a la casa. Me di cuenta de esto porque una vez le dije: «No hay dinero para eso», y ella me respondió: «¡Pero tienes todavía en tu cartera la tarjeta!». Explicarle cómo funciona todo el circuito financiero y comercial, y sobre todo cuál es el propósito del dinero, no fue una tarea fácil. Por eso me di a la búsqueda de cómo hacerlo lo mejor posible, y aquí te comparto algunas cosas que aprendí en el proceso...

En Mateo 25.14-30, Jesús cuenta una parábola sobre un hombre que entregó diferentes cantidades de talentos (la moneda de la época) a tres de sus siervos. A uno le dio 5, y este los puso a trabajar y le devolvió 10. A otro le dio 2, y este también duplicó el monto, de manera que le devolvió 4. Pero al último le dio 1, y ese, en vez de ponerlo a trabajar, lo enterró y le devolvió, transcurrido un tiempo, el mismo talento al amo. Jesús dice que luego de que el amo reprendió al que no produjo nada con su dinero, se lo quitó, y se lo dio al que tenía más.

Para ser sincera, debo confesar que yo siempre pensaba con un sentido equivocado de justicia, y me preguntaba por qué el amo no le había dado este talento al que tenía 2. Sin embargo, ahora veo que la enseñanza es clara: cuanto más fieles seamos en la administración correcta de los recursos, más preparados estaremos para manejar cantidades mayores. De otro modo, tener dinero puede llegar a ser una calamidad.

David Ramsey es una autoridad en los Estados Unidos en el tema del dinero. Él tiene un material muy bueno que compré para usar con Victoria. Es muy sencillo, y nos ayuda a enseñarles a los niños algunos principios básicos:

- **El dinero se gana con esfuerzo**

  Ramsey sugiere que conforme a su edad, y aun desde muy pequeños, les asignes a tus hijos tareas o responsabilidades en la casa, y les retribuyas al final de la semana con un monto establecido. A cada tarea deberás ponerle un monto. Él sugiere hacer una tabla con el nombre de cada niño, sus tareas, un espacio para marcar si las cumplió o no, y al final de la semana cuánto ganó.

  En Latinoamérica se acostumbra a dar a los hijos una «mesada», que es un monto de dinero que los padres les asignan a los niños para que ellos lo usen para sus gustos o meriendas. Ahora que vivo en los Estados Unidos, muchas veces les pregunto a padres que son exitosos en sus negocios cómo les enseñan ellos el manejo del dinero a sus hijos. Me sorprendió lo que uno me dijo: «Yo no les doy una mesada porque les estaría creando la mentalidad de vivir del subsidio del gobierno. Yo les asigno una tarea, y les pago por ella. Así les resalto el valor del trabajo, y su recompensa».

Con razón observo a adolescentes aquí en los Estados Unidos cortando el césped, trabajando en tiendas o restaurantes desde los 16 años, repartiendo periódicos, o cuidando niños mientras sus padres salen. Muy interesante el contraste, ¿verdad?

Por supuesto, vale la pena aclarar que no todas las tareas en la casa deben ser remuneradas. Ciertas tareas del hogar se deben asignar a cada uno para crear un sentido de responsabilidad y de cuidado con la casa que es de todos. Como parte de ser familia, todos colaboramos.

Pero hay otras tareas que pueden ser remuneradas. Aquí te presento un pequeño cuadro que puede darte algunas buenas ideas.

(De más está decir que debemos tener mucho cuidado con asignar tareas que pongan en riesgo la seguridad del niño. Nada de cuchillos filosos o de estar cerca del fuego o de salir a la calle sin supervisión mientras sean pequeños.)

Niños de 3 a 4 años	Niños de 6 a 7 años	Niños de 8 a 10 años
Hacer la cama	Seleccionar la ropa de lavar	Cualquiera de las tareas anteriores, más:
Sacudir el polvo	Guardar la ropa limpia en su sitio	Llenar el lavavajillas
Darle la comida a las mascotas	Sacar la basura	Aspirar

Vaciar los basureros	Ayudar a alistar su merienda	Ayudar a limpiar automóvil
Preparar la mesa o recogerla	Mantener su cuarto ordenado	Guardar en su sitio las compras del supermercado

2. Los tres destinos del dinero

Ramsey enseña también que es una buena idea que cada niño tenga tres frascos iguales con las siguientes etiquetas:

- **Dar: Desde pequeños debemos explicarles a nuestros hijos que no somos dueños de nada sino tan solo administradores** de lo que Dios nos da, y que uno de los propósitos de nuestro dinero es poder mostrar generosidad con los más necesitados. Debemos enseñarles a separar una parte de lo que tienen para dar a otros, así como un 10% para dar sus diezmos. Debemos enseñarles que somos generosos con los demás porque nuestro Padre Celestial es generoso, y que le honramos con los diezmos porque la casa de Dios es nuestra casa espiritual y somos responsable de cuidarla y mantenerla.

- **Ahorrar:** El ahorro puede tener como meta algo especial que nuestro hijo desee. Así le estaremos enseñando paciencia, y a disfrutar del fruto de haber trabajado y esperado por lo que anhelaban.

- **Gastar:** Este es el frasco de donde el niño sacará dinero para sus dulces, o más adelante para ir al cine o a un parque con amigos. (De paso, en este punto podemos enseñarle a nuestro hijo a diferenciar entre gustos y necesidades, que no son lo mismo. ¡Una valiosa lección que le servirá para toda la vida!)

LA GENTILEZA

Esta es la fuerza que hace que trates bien a los demás. Incluye los buenos modales, el respeto, y la forma cortés de pedir las cosas. Implica ser personas que saben dan honor a las demás personas: a las autoridades, a los mayores, a los hermanos, a los que trabajan en la casa para nosotros, etc. La gentileza dignifica a las personas por el simple hecho de ser semejantes ante Dios.

Establece en tu familia el valor del respeto

No permitas en tus hijos tratos rudos, tonos que suenen a exigencias, el herir a otros con las palabras, ni las malas palabras o groserías. Todo eso atenta contra el ser gentil, y debes ayudar a tus hijos a evitar estos comportamientos.

Establece en tu familia el valor de la tolerancia

Es importante entender que hay diferentes definiciones de tolerancia, y que muchas de ellas son incorrectas. Esto es algo que necesitamos tener claro para enseñárselo correctamente a nuestros hijos. La tolerancia es el reconocimiento de que todos tenemos diferencias (tanto en lo moral como en lo religioso). Pero *no es* estar de acuerdo o aceptar el dogma o la opinión del otro. Aquí es dónde se torna confusa la definición, porque algunos pretenden que las personas vivan en armonía «suavizando sus convicciones».[1]

Una buena definición es esta: «La tolerancia permite la sana convivencia entre personas de diferente opinión bajo el acuerdo del respeto y la amistad».[2]

Como madres cristianas, nosotras debemos levantar una generación con convicciones firmes y claras, y no hijos que acepten

---

1   John Dickson, *Humilitas*, Editorial Peniel, 2011, pág. 135
2   John Dickson, Humilitas, Editorial Peniel, 2011, pág. 137

cualquier doctrina como buena solo porque alguien más les dice que es buena. Lo que sí debemos enseñarles es a no agredir ni menospreciar al otro porque piense diferente.

LA BONDAD

Esta es la fuerza que produce que le hagamos bien a los demás. Incluye nuestros actos de servicio y la búsqueda de la justicia.

Involucrar a nuestros hijos en actividades de voluntariado es una excelente manera de desarrollar la virtud de la bondad en sus vidas.

Comparte con tus hijos los siguientes versículos:

- *«Así que no nos cansemos de hacer el bien, porque si lo hacemos sin desmayar, a su debido tiempo recogeremos la cosecha.»* (Gálatas 6.9)

- *«Justo es Dios, y ama la justicia; los justos verán su rostro.»* (Salmos 11.7)

Establece en tu familia el valor de la justicia

Estás siendo un ejemplo de justicia para tus hijos...

- Cuando pagas un salario justo a los que sirven en tu casa.

- Cuando defiendes al indefenso.

- Cuando te paras firme contra la injusticia del bullying o del acoso.

¡Piensa en otras ocasiones que puedes aprovechar para ser un ejemplo de justicia!

LA FIDELIDAD

Esta es la fuerza o virtud de dar cumplimiento a las promesas.

Muchas veces hacemos promesas porque en el momento en que las hacemos, sentimos o vemos grandes posibilidades de lograrlas. Sin embargo, cuando las situaciones cambian y las condiciones ya no son tan favorables como cuando prometimos, solo si somos fieles permaneceremos en el cumplimiento de la promesa.

La fidelidad viene de la mano con otra virtud llamada «diligencia» porque, en su sentido más alto, la diligencia es el esmero y el cuidado al ejecutar algo.

La fidelidad incluye tres aspectos:

- **Somos fieles o diligentes con Dios** cuando cumplimos el compromiso que hemos tomado con su Palabra y sus mandamientos.

  «Pues Dios no es injusto. No olvidará con cuánto esfuerzo han trabajado para él y cómo han demostrado su amor por él sirviendo a otros creyentes como todavía lo hacen.» (Hebreos 6.10, NTV)

  Como madres, les modelamos fidelidad con Dios a nuestros hijos...

  × cuando desde pequeños ven que honramos a Dios con nuestro dinero.

  × cuando nos establecemos en una iglesia y servimos en ella.

  × cuando vivimos lo que predicamos, y en nuestras acciones cotidianas ven que estamos comprometi dos con su Palabra.

- **Somos fieles o diligentes con nosotros mismos** cuando vencemos con esta virtud la pereza.

Si son fieles en las cosas pequeñas, serán fieles en las grandes; pero si son deshonestos en las cosas pequeñas, no actuarán con honradez en las responsabilidades más grandes.» (Lucas 16.10, NTV)

Como madres, les modelamos fidelidad con nosotras mismas a nuestros hijos…

× cuando ven que nos fijamos metas y las cumplimos a tiempo.
× cuando trabajamos duro y respondemos a las obligaciones de nuestro trabajo con esmero, persiguiendo la excelencia.

- **Somos fieles o diligentes con los demás** cuando cuidamos las acciones que realizamos con ellos y hacia ellos, y cuando somos personas confiables porque no engañamos ni traicionamos a los demás.

«Los labios mentirosos son abominación al Señor, pero los que obran fielmente son su deleite.» (Proverbios 12.22, LBLA)

Como madres, les modelamos fidelidad con los demás a nuestros hijos…

× cuando no somos hipócritas, hablando mal de los demás y luego aparentando otra cosa cuando están con nosotros.

× cuando no hacemos trampa en los juegos.

× cuando cumplimos las promesas que les hacemos a ellos. (Si en alguna ocasión las circunstancias nos impiden cumplirlas, debemos pedirles perdón y asegurarles que planeamos cumplirlas en otro momento)

Establece en tu familia el valor de la fidelidad

En la antigüedad, los acuerdos importantes se hacían bajo juramento en frente de testigos. Pero incluso la frase «Te doy mi palabra» tenía más valor que el que actualmente tiene una firma, porque era una cuestión de honor. Tristemente, en la actualidad la palabra parece ser lo menos creíble, y los acuerdos importantes la mayoría de las veces se firman ante un notario o un juez, en presencia de testigos, y con cláusulas que fijan las consecuencias para el caso de que no cumplamos lo prometido.

La fidelidad está relacionada con el cumplimiento de las promesas, el deber y la responsabilidad. Incluso dentro de las familias, es el pegamento que mantiene unidas a las personas en momento de crisis. Sin embargo, hoy en día es lamentable ver con qué facilidad y con qué rapidez se olvidan las promesas pronunciadas el día del matrimonio. Frente a padres que abandonan a sus familias, o a los cada vez más frecuentes casos de infidelidad, los hijos pueden crecer teniendo un concepto muy pobre de esta virtud, y hasta repetir los patrones familiares si no se trabaja intencionalmente con ellos para establecer el valor de la fidelidad como un pilar en sus corazones y en sus vidas.

LA HUMILDAD

Esta es la fuerza o virtud que reconoce nuestras propias limitaciones y debilidades, y obra de acuerdo a ese conocimiento. Ha sido llamada la madre de las virtudes porque solo ella nos permite ver quiénes somos nosotros en realidad, quién es Dios, y qué es lo que Él puede hacer en nosotros.

La humildad es una de las virtudes más difíciles de abrazar porque, a diferencia de las otras, aparentemente no nos hace «lucir» muy bien. Atenta de manera directa contra el ego que todos tenemos. Sin embargo, es una virtud que nos hace un gran favor, porque «permite que aprendamos del pasado, actuemos con confianza en el presente y tengamos esperanza para el futuro».[3] En ese sentido, la humildad siempre afecta positivamente a los que están a tu lado, o a tu cargo.

Lo opuesto a la humildad es el orgullo y la arrogancia, y eso sí que es un problema porque atrae la destrucción. (*«El orgullo va delante de la destrucción, y la arrogancia antes de la caída.»* Proverbios 16.18, NTV)

Es cierto que una baja autoestima es un problema que no queremos que sufran nuestros hijos. Pero, en el otro extremo, también es un problema que tengan una autoestima engañada o demasiado alta, basada en algo que no son.

El teólogo y doctor en historia antigua, John Dickson, la define diciendo que la humildad es la virtud del sentido común, porque ninguno es experto en todo[4]. ¡Necesitamos admitir en qué cosas no somos buenos para poder ser enseñables, y también para valorar y resaltar las fortalezas de otro y hacer un buen equipo juntos!

La humildad es la actitud que Cristo pide que imitemos de Él, para poder ser guiados por Él.

La humildad es la actitud que Cristo pide que imitemos de Él, para poder ser guiados por Él. Cierta vez mi esposo explicó, en una enseñanza sobre de la humildad, que se puede comparar a la actitud de un caballo domado: aunque tiene la fuerza para ir a dónde quiere, cede su voluntad y pone a disposición de otro su fuerza, para ser guiado.

Si logras que tu hijo abrace esta actitud, garantizarás su éxito en la vida. Él será una persona que sabe aceptar la corrección y que toma las medidas necesarias para caminar en la dirección correcta.

Pedro era el más impetuoso de todos los apóstoles de Jesús. Sin embargo, ya en el ocaso de su vida, nos escribió el siguiente consejo acerca de las relaciones interpersonales:

---

3   Stephen Covey, A.R Merrill y R.R. Merrill, *Primero lo primero*, Paidos Ibérica Ediciones, 1992, pág 73

4   John Dickson, *Humilitas,* Editorial Peniel, 2011, pág. 41.

«...todos vístanse con humildad en su trato los unos con los otros, porque "Dios se opone a los orgullosos pero da gracia a los humildes"»
(1 Pedro 5.5, NTV)

Ahora piensa por un momento en tu hijo: ¿Es rápido para disculparse cuando es disciplinado en una falta? ¿Acepta el consejo y la corrección? ¿Qué dice acerca de sí mismo? ¿Habla constantemente diciendo que es mejor que los demás?

Si notas que tu hijo está teniendo dificultades en el área de la humildad, ¡ayúdalo cuanto antes! Hay muchos buenos cuentos e historias disponibles que tratan sobre la humildad y pueden ayudarte a fortalecerla en tu hijo.

EL DOMINIO PROPIO

Esta es la capacidad que nos permite controlarnos a nosotros mismos y a nuestras emociones, en lugar de que estas nos controlen a nosotros y nos roben así la posibilidad de elegir lo que queremos sentir en cada momento de nuestra vida. La prudencia y la templanza son sinónimos del dominio propio.

El dominio propio es una manifestación de un buen carácter firme, e indica mucha madurez. Que nuestros hijos empiecen a ejercitarse desde pequeños en esta virtud les resultará una gran ventaja y un tesoro para el resto de su vida. ¡Principalmente porque les va a evitar meterse en muchos problemas!

Podemos comenzar a enseñarles desde niños, cuando no cedemos ante sus rabietas o berrinches. Lo recomendable es no darles lo que piden cuando lo hacen de mala manera o con mala actitud. Por el contrario, prémialos y celébralos cuando muestran control de sus emociones y de su manera de hablar.

El poseer esta virtud es realmente una fortaleza de carácter que se aplica a todas las áreas de nuestra vida: debemos tener dominio propio con nuestro dinero (aquí aplica también lo que vimos hace unas páginas sobre el manejo del dinero), dominio propio con nuestras relaciones, y dominio propio con nuestra lengua. ¡Como mamá debes ser intencional en enseñarles a tus hijos a tener domino propio en cada una de estas áreas!

Por ejemplo, para enseñarles sobre la importancia de dominar su lengua, lee con ellos Santiago 3. Allí hay muchas metáforas que los niños pueden entender. Se nos dice que la lengua es como el timón de un barco, como una llama de fuego, y muchas otras cosas interesantes. También el apóstol señala la ironía de que el hombre puede domar toda clase de animales pero no su lengua. ¡Cuando podemos controlar lo que hablamos es un gran logro!

Como dijimos antes, la prudencia está relacionada con el dominio propio. Una persona prudente tiene la capacidad de pensar antes de hablar. Analiza si es de provecho el comentario, o si es mejor callarse. Una persona prudente es también prudente con sus decisiones, y piensa con cuidado su futuro:

«El prudente se anticipa al peligro y toma precauciones. El simplón sigue adelante a ciegas y sufre las consecuencias.» (Proverbios 27.12, NTV)

Hasta aquí ha llegado nuestra lista. Todas estas virtudes y valores van a definir lo más importante de una persona: su carácter, lo que realmente es.

John Maxwell explica en uno de sus libros sobre liderazgo la diferencia entre la reputación y el carácter. Él dice que la reputación es lo que se sabe de una persona, mientras que el carácter o la integridad es lo que realmente sale a luz con el tiempo. Que la reputación es lo que una persona tiene antes de llegar a un trabajo, mientras que el carácter es lo que una persona demuestra después de un año de estar allí. Claramente es más importante el carácter, porque: «Si cuido mi carácter mi reputación se cuidará sola.»[5]

---

[5] John C. Maxwell, Liderazgo: Lo que todo líder necesita saber, Editorial Grupo Nelson, 2016, pág. 274

Aunque las personas traten de aparentar tener un buen carácter en sus círculos laborales o sociales, tarde o temprano su verdadero carácter va a salir a la luz. Tristemente, suele ser en el entorno familiar donde las personas son conocidas como realmente son, debido a la cercanía y al tiempo de convivencia. Busquemos criar hijos sanos, que no sean de doble ánimo. Hijos que se conviertan en adultos que sean conocidos por sus virtudes, tanto dentro como fuera de su casa.

Capítulo 06

CRIANZA Y DISCIPLINA

La meta de todo buen padre es que sus hijos lleguen a la adultez siendo personas maduras y capaces de tomar buenas decisiones, para que vivan satisfechos con su ser y para que no se metan en problemas. Sin embargo, la tarea de educarlos o criarlos correctamente es una de las más delicadas y complejas. La mayoría de los padres van a tender a repetir la crianza o los métodos de corrección que usaron en su niñez porque, aunque se prometieron no tratar a sus hijos de esa manera, a la hora de enfrentarse a los desafíos de la paternidad no encuentran otra opción más que recurrir a lo «malo conocido». Otros, en cambio, van a alejarse hasta el extremo opuesto de esos métodos, precisamente por los traumas que vivieron.

La realidad es que el tema de la disciplina va a tener siempre matices y diferencias, y va a depender de factores que no son iguales en todas las casas. Va a depender del tipo de padres, y del tipo de hijos. Va a depender de la forma en como a papá y a mamá se les educó, y también de la personalidad o temperamento de estos padres. Va a depender de sus creencias culturales, y de qué tan involucrado consideran que debe estar el papá en los temas que atañen a los hijos (si participará de las decisiones, o si solo llegará para «ejecutar» un castigo cuando la mamá no puede).

Las funciones de crianza y corrección por muchos siglos han recaído sobre la madre, por ser ella quien pasa la mayor parte del tiempo con los hijos. Hoy en día, aunque un gran número de mujeres trabajan fuera del hogar y el cuidado de los pequeños pasa muchas veces a manos de terceros, igualmente siguen siendo las mujeres quienes tienen más contacto en lo cotidiano con los niños. Sin embargo, la responsabilidad de criar y corregir a los hijos siempre ha sido y será de los dos: de papá y de mamá.

DISTINTOS TIPOS DE PADRES

El estudio de las relaciones interpersonales ha establecido diversos tipos de padres dependiendo de algunos factores importantes tales como: su capacidad de dar afecto, su posición frente a la disciplina y el orden, su grado de control, y el tipo de comunicación que cada uno establece. Según la intensidad de estos factores, se puede clasificar de manera general a los padres en los siguientes tipos:

- **Padres autoritarios o dominantes**
  Tienen un alto grado de control y de exigencia, pero hacen poca demostración de afecto y tienen una pobre comunicación con sus hijos.

  Tienden a producir las cualidades más negativas en los hijos. Una relación tan dura provocará en los hijos resistencia, hermetismo o rebelión.

- **Padres permisivos**
  Se trata de padres cariñosos y con buena comunicación con sus hijos, pero poco exigentes y con poco control sobre ellos. Son débiles en el establecimiento y en el cumplimiento de reglas.

  Una de las razones de por qué son tan permisivos es porque sienten temor de dañar a sus hijos si son muy estrictos. Este tipo de padres darán mucho apoyo emocional a sus hijos, pero criarán hijos sin disciplina, groseros con los demás, y caprichosos.

Hay un versículo en el libro de Proverbios bastante fuerte para quienes no desean corregir:

«El que detiene el castigo, a su hijo aborrece; Mas el que lo ama, desde temprano lo corrige.» (Proverbios 13.24, RV60)

• Padres negligentes o indiferentes

Poseen niveles bajos de control, exigencia, afecto y comunicación. Este caso es común en las familias desestructuradas, pero se da también en muchas familias cuando los padres, aun estando presentes físicamente, están «ausentes» para sus hijos, ya que no les prestan la debida atención.

Este tipo de padres recurrirán excesivamente al cuidado de las niñeras o a la televisión, excusándose en sus propias actividades egoístas.

Los niños de estos padres tienden a tener baja autoestima, son inseguros, y no suelen tener altos rendimientos en la escuela.

• Padres amorosos y firmes

Tienen una buena comunicación, son cariñosos con sus hijos, y tienen un alto grado de control y exigencia.

Estos padres muestran un excelente balance entre los padres dominantes y los permisivos. Ponen límites claros y los hacen respetar, y también expresan su cariño y comparten las emociones con sus hijos.

Los niños de estos padres viven contentos, y muestran una gran capacidad de controlarse, de respetar, y de relacionarse bien con los demás. Son niños que saben sentirse seguros de sí mismos sin abusar de esa autoconfianza.

LA IMPORTANCIA DE TENER REGLAS CLARAS

Así como el tener canales de comunicación abiertos entre padres e hijos es un indicador de familias saludables y fuertes, también es importante que en las casas donde hay papá y mamá haya una buena y constante comunicación entre ambos padres. Para ser exitosos en la crianza y la disciplina de los hijos deben establecer juntos la clase de cultura de corrección y disciplina que van a implementar en el hogar.

Esto, por supuesto, no siempre resulta fácil. Tanto tú como tu esposo vienen de hogares diferentes, con métodos de crianza diferentes y en algunos casos hasta puede que antagónicos. Por ejemplo, es posible que uno venga de un hogar muy rígido y el otro de uno muy relajado, sin mucha disciplina.

Independientemente de cómo haya sido el hogar de cada uno, el deber de los padres es determinar lo que es saludable y efectivo para la corrección de los hijos que tienen ahora, en este nuevo hogar que han formado juntos. Lo que establece la cultura de disciplina en el hogar, es una buena comunicación que produzca acuerdo entre los padres. ¡Qué caos para los hijos cuando no hay orden ni acuerdos en casa, y cuando los padres se desautorizan el uno al otro enfrente de ellos! Esto sienta un precedente terrible para los hijos, y debe ser evitado a toda costa.

Las reglas claras son fundamentales para los niños.

Una vez que los padres, mediante una buena comunicación entre ellos, han establecido acuerdos, estos se deben transmitir a los hijos. Las reglas claras son fundamentales para los niños. Ellos deben conocer cuáles son sus responsabilidades, deben saber qué se les permite y qué no, y deben conocer muy claramente sus límites, como por ejemplo: no golpeamos a los demás, no gritamos, no se cierran fuerte las puertas, se contesta «Sí señora/Sí señor», etc.

También deben estar muy claras las consecuencias de los malos comportamientos, de no cumplir con sus responsabilidades o de quebrar las normas establecidas. Las consecuencias frente a una «infracción» de los niños deben estar claramente establecidas con anterioridad, para tener un orden nosotros y para darles seguridad. Una buena idea es que la consecuencia sea quitarle al niño un privilegio, para que no usemos consecuencias incorrectas que puedan afectar su ser o sus sentimientos, tales como: «Hoy no comes» o «Te voy a botar algo que sea importante para ti» o «Con esto que hiciste vas a perder el lugar que tenías en mi corazón» (¡cuidado con la manipulación!).

Por esta misma razón de orden y previsibilidad, los privilegios deben estar bien definidos antes de ejecutar una consecuencia. Algunos de los privilegios pueden ser: ver televisión, usar el IPad o el teléfono celular, jugar un video juego, ir a jugar con amigos, etc. Jamás debes usar una responsabilidad como castigo («Como te portaste mal, ahora te vas a ordenar tu cuarto»), porque luego siempre verán esa actividad como algo negativo.

LA IMPORTANCIA DE FIJAR LÍMITES SALUDABLES

Algunas de las características más sobresalientes de los niños con límites saludables y claros son:

- Los niños tienden a mostrar respeto por sí mismos.

- Los niños viven más contentos y tranquilos, porque han aprendido a controlarse.

- Su mundo es más seguro porque caminan dentro de esos límites.

- Las líneas de comunicación con sus padres están abiertas porque les tienen confianza.

A continuación te presento una serie de ideas que puedes usar o tomar como modelo a la hora de sentarte con tu esposo a fijar acuerdos sobre qué límites establecerán para su hogar:

Con respecto a la obediencia:

- Debe ser inmediata. Las instrucciones se cumplen cuando los padres las dan, y no cuando los hijos deciden aplicarlas.

- Ante una instrucción de los papás se contesta: «Sí señor/señora» o «Sí papá/mamá».

- Nunca se contesta «No es justo» ni con expresiones de fastidio ante una instrucción.

- Una vez que los papás han dicho «No», no se debe seguir insistiendo: «¡Porfa, porfa, porfa!».

En el orden de las cosas:

- Se debe volver a poner las cosas en su lugar luego de haberlas usado. (Para esto, es importante que tú, mamá, le hayas establecido un «hogar» a cada cosa para que el niño sepa dónde van.)

- La ropa sucia va en un canasto determinado, no en el suelo.

- La ropa que se va a volver a usar, o que se sacó de su lugar y no se usó, se cuelga o se vuelve a doblar y se pone en su sitio.

En cuanto a sus responsabilidades:

- Cada uno debe cumplir con el aseo personal diario. (Lavarse los dientes, bañarse, cepillar su cabello, etc.)

- Siempre se debe salir a tiempo a la escuela.

- Cuando un niño regresa de la escuela, debe sacar las cosas de su maletín y colocar los recipientes de la merienda en el lugar donde se lavan los platos.

- Luego puede descansar unos minutos, y/o comer una merienda si corresponde.

- Luego de esto, lo primero que se debe hacer son las tareas escolares. Luego se practica algún hobby (un deporte, un instrumento, etc.), y luego de haber cumplido con todo esto se puede jugar.

- Cada uno es además responsable de realizar su tarea asignada en casa, ya sea sacar la basura, alimentar a las mascotas, alistar la mesa para la cena, etc.

En cuanto a su trato con los demás:

- No se deben usar malas palabras ni sobrenombres con los hermanos, ni con nadie.

- No se permiten golpes entre ellos, ni a otros niños.

- Es obligatorio cuidar las cosas de los demás. Esto incluye los muebles y otros objetos de la casa y las cosas de sus hermanos.

- Deben ser amables al saludar, y contestar a las preguntas de las personas dentro y fuera de casa.

- Deben tener buenos modales en la mesa y en la calle.

LAS CONSECUENCIAS

Como ya hemos dicho, **para que la disciplina funcione en un hogar, deben estar fijadas con anterioridad y muy claramente cuáles serán las consecuencias si un niño muestra un mal comportamiento, no cumple con sus responsabilidades, o rompe las reglas establecidas.**

Uno de los métodos más recomendados es que a cada «infracción» le corresponda una «pérdida de privilegios». Algunas pérdidas de privilegios que podemos establecer para nuestros niños son:

- No ver televisión

- No jugar su video juego favorito

- No salir a jugar con sus amigos

- No jugar con sus juguetes

La mayoría de los padres utilizan el castigo físico para tratar todo tipo de problemas e inconductas, y los padres cristianos lo hacemos justificándonos en algunas escrituras bíblicas. Muchos padres cristianos incluso llevan a todas partes la «varita», así es que voy a detenerme un momento para hablar de este elemento.

Para empezar, la mayoría de las varitas que he visto en las tiendas cristianas son en realidad el palo de madera que se utiliza para revolver los botes de pintura de 5 galones. Las pintan de colores, rosado o azul, y les agregan la inscripción: «Hijo, porque te amo te disciplino». Sin embargo, por más lindas que las decoren, para los hijos no son nada lindas y tampoco tienen nada de flexible, como se supone que deberían ser las varitas.

Pero vayamos a la Biblia. El castigo físico, o el uso de la vara, lo encontramos en el libro de Proverbios. Allí aparece mencionado varias veces, siendo tal vez uno de los versos más conocidos el siguiente:

«El que escatima la vara odia a su hijo, mas el que lo ama lo disciplina con diligencia» (Proverbios 13.24, LBLA)

En algunos versos se dice que la vara es «para las espaldas del necio» y que «alejará la rebelión del muchacho». Otras versiones usan también la palabra «insensato» para referirse a un necio. La necedad, la rebelión y la insensatez son términos para designar actitudes o comportamientos en los que se observa saña, mala intención, perseverancia en hacer lo malo, o desafío abierto e intencional a la autoridad.

Como vemos, no entrarían dentro de esta categoría todos los casos de «desobediencia» o «mal comportamiento» infantil.

Podemos pensar, entonces, que este tipo de corrección es necesaria pero jamás debe ser la única, ni deberíamos usarla tan frecuentemente.

Se ha dicho que la vara es más efectiva durante la edad preescolar que cuando los niños van creciendo. Sin embargo, yo creo que es en esta etapa cuando se ha usado con más injusticia, porque muchas veces etiquetamos una actitud como «rebelde» (especialmente cuando el niño tiene dos o tres años), cuando que en realidad, por la etapa de desarrollo mental en la que se encuentra, lo que ocurre es simplemente que el niño no recuerda la instrucción dada. Por el contrario, si la desobediencia es deliberada, es decir, si le acabas de dar la instrucción y el niño persiste en hacer lo malo, entonces en esos casos la varita suele funcionar muy bien, e incluso muchas veces funciona como una «varita mágica»: no más la ven, y su actitud cambia al instante.

En términos generales, un gran consejo para aplicar la vara o cualquier tipo de corrección física es nunca hacerlo con enojo. Además, debe estar claramente establecido de antemano, para nosotros y para ellos, cuándo o frente a qué circunstancias es que les daremos una corrección física. Esto debe estar definido como la Biblia lo enmarca: la vara se usa para corregir la rebeldía, especialmente si el niño desafía abiertamente a sus padres.

¡Ten mucho cuidado, mamá! Cuando usamos mal este tipo de disciplina, terminamos con grandes sentimientos de culpa, y dañamos también el corazón de nuestros hijos.

A continuación te presento algunos lineamientos y consejos para poder llevar adelante una disciplina sana con tus niños. Si te interesa ampliar más sobre este tema, me gustaría recomendarte el material del psicólogo cristiano español David Solá. Su libro: *«Educar sin maltratar»* presenta información muy valiosa sobre el tema de los correctores para nuestros hijos.

TEN CUIDADO CON EL ABUSO O MALTRATO

Los padres debemos ser muy cuidadosos, ya que es posible que en la ejecución de la disciplina abusemos de nuestros hijos emocional, física o verbalmente. Nunca va a ser nuestra intención hacerlo, pero cuando el enojo o la frustración nos invaden podemos, sin quererlo, herir sus emociones con acciones o frases que lastimen su autoestima, o usar malas palabras contra ellos, o aplicarles un castigo físico desmedido.

Además, afortunadamente, las legislaciones de hoy en día protegen a los niños en su integridad física. Si un adulto se pasa de la raya, tendrá consecuencias por parte de la ley. Pero aun sin llegar a esos extremos, siempre es importante que examines el grado de enojo o frustración con que corriges a tus hijos, porque si lo haces enojado, seguro se te va a pasar la mano.

Recuerda que **nunca** en una corrección física se debe:

- Dejar moretones

- Cortar su cuerpo

- Golpear su cabeza

- Jalar sus cabellos

- Dar puñetazos

- Sacudir al niño violentamente

- Lastimar un músculo (por ejemplo, doblar un brazo)

Cualquiera de estas cosas son consideradas violencia o agresión hacia el niño.

Las «nalgadas» pueden dejar rosada la piel, pero esta debe volver a su color normal en un par de minutos. Si lo rojo dura mucho más que 5 minutos, es posible que las nalgadas hayan sido demasiado fuertes.

Lo mismo sucede con la vara. Cierto día cuando mi hija era pequeña (quizás tendría unos tres o cuatro años) quise probar en mí misma cuán duro le estaba castigando, porque no quería que «se me pasara la mano». Así que agarré la famosa varita y me di con la misma intensidad con la que la castigaba a ella. Cuando me di cuenta del dolor que esto me había causado, aun siendo yo más grande y fuerte, decidí dejar de usar ese instrumento y volví a la herramienta de antaño que servía para quitar todo berrinche y rebeldía: ¡la chancleta! Encontré que al ser de goma y flexible, provocaba un dolor más superficial que se iba más rápido que el del golpe seco de ese palito de madera. Una regla blanda, o una de esas paletas de plástico con las que volteamos los panqueques, son otros ejemplos de cosas flexibles que pueden constituir buenas opciones.

Ten presente que la disciplina también va a requerir límites para nosotros, los adultos. Haz un trato contigo misma dejando en claro qué palabras nunca vas a usar contra tus hijos. Comprométete contigo misma a no gritarles, y cuando lo hagas, pídeles disculpas. No los disciplines cuando estés bajo el efecto de emociones intensas; en cambio, espera un tiempo para enfriar tus emociones y tu cabeza. Por último, antes de aplicar un castigo o una consecuencia, evalúa la situación para ver si realmente la consecuencia que vas a aplicar cumplirá el objetivo de cambiar ese comportamiento negativo en tu hijo.

El propósito de la disciplina es guardar el alma de tu hijo del mal.

Recuerda que el propósito de la disciplina no es ejecutar un juicio, y mucho menos es descargar tu enojo o frustración por ver que tus hijos no se portan tan bien como quisieras. El propósito de la disciplina es guardar el alma de tu hijo del mal. Por lo tanto, el objetivo de aplicar una disciplina será la corrección de un mal comportamiento y/o la prevención de hábitos dañinos en la vida del niño.

EVITA AVERGONZAR A TUS HIJOS PÚBLICAMENTE O QUE OTRAS PERSONAS INTERVENGAN EN LA CORRECCIÓN

Aunque tu hijo cometa una falta en público, asegúrate de corregirlo en privado. Si lo haces en público, además de que lo estarás avergonzando, el resultado no será el mismo, ya que el niño estará más pendiente de cuidar su reputación o de no pasar vergüenza ante los demás, que de la ofensa que cometió o de la lección que estés intentando enseñarle.

Otro aspecto importante a la hora de disciplinar es cuidar que no se involucren tantas personas a la hora del castigo. Posiblemente en el momento en que se haga necesaria la corrección habrá hermanos añadiendo más información, o haciendo la cosa más grande de lo que es. Cuando ya hayas escuchado a todos y tengas toda la información, pídeles a los demás que se retiren y que no se involucren en tu corrección. Esto tiene que ver con respetar a tu hijo, ya que la intención no es exponerlo ni avergonzarlo delante de los demás. No estamos en un circo romano.

Así también, si el padre está tomando control de la disciplina, no te involucres tú en el camino. Deja que sea él quien termine con su trabajo y ejecute la corrección. Lo que queremos evitar aquí es que no se convierta en una situación de «todos contra uno». Si deseas añadir algo, espera el momento adecuado, pero recuerda que tú debes afirmar la corrección del padre, y no desautorizarlo. Luego de la corrección, asegúrate de hablar con tu hijo para verificar que la comunicación con su padre haya sido clara, de modo que no vuelva a cometer el mismo error en el futuro. Ten mucho cuidado con cambiar la instrucción o el castigo que el padre le dio, o crear una imagen «injusta» del padre porque fue demasiado duro. Si te parece que al padre se le fue la mano en la corrección, asegúrate de hablarlo con él en privado para que sea él mismo quien se acerque al niño y establezca un nuevo castigo o suavice el anterior.

Por otro lado, recuerda informarle a tu esposo sobre los correctivos que empleaste con los niños y las razones de por qué lo hiciste, para que no suceda que tus hijos recuperen los privilegios que les habías quitado u obtengan alguna ventaja al darse cuenta de que su padre no sabe nada del asunto. A veces esto sucede simplemente porque no ha habido tiempo de hablar con tu esposo. Si tus hijos violan las consecuencias de la corrección, aprovechándose de la falta de información de papá o mamá, entonces debe duplicarse el castigo o consecuencia, para sentar un precedente de que los padres actúan en acuerdo y de que no tolerarán este tipo de tretas.

NO JUSTIFIQUES TU AUTORIDADC CON LA DE DIOS

Escuché varias veces a pastores y consejeros cristianos decir que, antes de castigar físicamente a sus hijos, ellos les decían algo así como que «lo hacían porque la Palabra de Dios así lo indicaba, y porque ellos amaban a Dios y sabían que iba a ser bueno para sus hijos». Un día decidí usar el mismo argumento con Victoria, luego de haberle aplicado una disciplina. La respuesta de ella me dejó impresionada, y en seguida me di cuenta que había cometido un error terrible. Ella me dijo firmemente: «Ya no me gusta la Biblia.
No puedo creer que algo tan cruel para los niños esté en la Biblia». ¡Es que, hasta ese momento, Victoria solo había escuchado las historias de amor y de poder de Dios en la Palabra! ¿Cómo explicarle a una niña tan pequeña acerca de la justicia y el juicio? Me sentí terrible, y me di cuenta que el haberle dicho eso fue, en el fondo, una manera de excusarme por ejercer mi autoridad. La verdad es que los corregimos y los disciplinamos porque somos sus padres, y porque, como tales, somos quienes tenemos el derecho y la obligación de hacerlo, punto. Nosotros *sabemos* que tenemos el respaldo de Dios y de su Palabra para

hacerlo, pero no hay porque explicarlo tanto ni disculparse. Tuve entonces que orar y pedirle al Espíritu Santo que me guiara para poder explicarle a la pequeña Victoria el lado del amor que protege y preserva del mal. Luego de conversar con ella, con la gracia del Espíritu, volvió a la Palabra de Dios con el amor y la ternura de siempre.

IMITA LA DISCIPLINA DEL SEÑOR

Cuando la palabra de Dios usa la palabra «corrección» o «disciplina», no se refiere estrictamente al castigo corporal. **En la Biblia encontramos varias ocasiones en las que el Señor corrigió o disciplinó a su pueblo, pero lo hizo siempre usando sus atributos, como la verdad, la justicia, y la misericordia.** Si el Señor no hubiera sido misericordioso y lento en airarse, hubiera consumido sin dudarlo a ese pueblo suyo que Él mismo definió como rebelde, terco y duro de cerviz. Sin embargo, cuando leo todos los mensajes que los profetas dieron de parte del Señor para juzgar al pueblo, encuentro un perfecto balance en la corrección del Señor:

- El Señor les recordaba Sus Palabras, lo que Él les había pedido que guardasen.

- El Señor les señalaba sus faltas, dándoles así una oportunidad para el arrepentimiento y el cambio.

- Cuando los hombres perseveraban en sus malos caminos, el Señor les anunciaba la consecuencia (la disciplina), para que cambiaran su corazón.

- El Señor les daba esperanza. Siempre les mostraba el camino de restauración, el camino de regreso a Su corazón.

«Porque no contenderé para siempre, ni estaré siempre enojado, pues el espíritu desfallecería ante mí, y el aliento de los que yo he creado.» (Isaías 57.16, LBLA)

RECUERDA QUE EL AMOR ES EL ASPECTO MÁS IMPORTANTE DE LA CRIANZA

Asegurarle tu amor incondicional a tu hijo es la herramienta más efectiva para la disciplina y la corrección.

Asegurarle tu amor incondicional a tu hijo es la herramienta más efectiva para la disciplina y la corrección. No es el régimen del terror lo que va a transformar su corazón. Por el contrario, eso solo cambia las acciones superficiales y aleja el corazón de los hijos del de los padres. Es el amor firme que les demostremos lo que va a motivar en ellos una vida saludable y las decisiones correctas.

¿No es acaso el amor que el Señor nos manifiesta en su Palabra lo que nos hace correr una y otra vez de regreso a Sus brazos? Yo no sé cuál sea la imagen de Dios que tú tienes. Quizás sea súper rígida porque así fueron tus padres, o porque así te lo enseñaron en la iglesia. Pero cuando vamos a las Escrituras, lo que realmente nos derrite y nos convierte son las palabras de amor del Señor. ¿Quién hay como nuestro Dios, tierno y compasivo? Todas sus declaraciones de amor en la Palabra insisten en que su amor es eterno y su misericordia está siempre a nuestro alcance. (Puedes leer, por ejemplo, Salmos 116.5-7, o Jeremías 31.3).

Ahora detente un instante y piensa en esto: Nosotros somos el reflejo de Dios para nuestros hijos. ¿Qué tanto les repites que ellos pueden volver a ti cuando lo hacen bien y también cuando lo hacen mal? ¿Qué tanta gracia y misericordia hay en tu relación con ellos? Que tu amor y perdón no sean para tus hijos un código secreto difícil de interpretar. Conversa de esto también con tu esposo, y pónganse de acuerdo para manifestar abiertamente su amor hacia ellos.

En lo que hace a demostrar el amor, quizás uno de los mitos de tu cultura sea que a los niños (varones) no se les abraza porque «se pueden confundir». ¡Nada más alejado de la realidad! No hay nada más sanador y que de más afirmación que el abrazo de un padre hacia su hijo varón.

El amor es también perdón y gracia. Una vez un pastor comentó que mientras educaba a sus hijos les quería enseñar el principio de la gracia. Les explicó muy bien que la gracia de Dios consistía en que nosotros tenemos su favor y perdón sin haberlo ganado; solo porque Él quería, y no por ninguna razón. En una ocasión su hijo cometió una falta grave, y cuando él iba a disciplinarlo, su hijo le preguntó si podía darle un poco de gracia. Su padre, enojado, le preguntó por qué habría de darle gracia si él sabía muy bien las reglas. Su hijo entonces contestó: «¡Precisamente, porque no hay ninguna razón para darla!». Deja ejemplos que tus hijos puedan recordar de ocasiones en donde les diste gracia. (Pero asegúrate que no sea tan seguido que ellos puedan interpretarlo como permisividad.)

Les ponemos límites a nuestros hijos para que estén seguros y para que se desarrollen en ambientes saludables, pero no debemos limitar nuestras muestras de amor hacia ellos. No hay nada que les dé más seguridad a tus hijos que tus palabras de cariño y de amor. Vuelve a abrazarlos y besarlos tan rápido como puedas luego de la corrección. Dales el tiempo necesario para reflexionar sobre sus acciones, pero crea oportunidades rápidas de reconciliación. Si aplicas en tu relación con tus hijos el principio bíblico de «que no se ponga el sol sobre tu enojo» (Efesios 4.26), les estarás enseñando a ellos para el resto de sus vidas a no guardar rencor en sus corazones, y estarás, además, afirmando en sus corazones la verdad de que tu amor hacia ellos es incondicional.

Capítulo 07

CÓMO AYUDAR A TU HIJO A DESARROLLAR UNA SEXUALIDAD SANA

No es ningún secreto la gran crisis que vive nuestro mundo hoy en día a causa de una sexualidad hedonista y distorsionada. Los grandes flagelos de la sociedad, como la trata de personas, la pornografía, y las enfermedades de transmisión sexual, entre otros, son el reflejo de esta sexualidad quebrada que sufren los seres humanos.

Enseñarles a nuestros hijos sobre la sexualidad es hablarles de s u esencia, de su identidad.

Todas las personas fuimos creadas por Dios sexuadas, es decir, con un cuerpo sexuado en masculino o en femenino. Enseñarles a nuestros hijos sobre la sexualidad no es hablarles solamente del acto sexual coital. Ese es solo un aspecto. Enseñarles sobre la sexualidad es hablarles de su esencia, de su identidad.

El sexo es tan inherente al ser humano, que es la primera información que tenemos acerca de un bebé: «¿Es niño o niña?». Y aunque ciertos grupos estén tratando de decir que el sexo de una persona no está determinado por sus genitales, sino por lo que la persona «sienta que es» en el futuro, la verdad es que no es solo por los genitales que nacemos definidos como hombre o mujer. Cada célula de nuestro cuerpo trae este dato en su información genética, y el dato permanecerá así en nuestro ADN por el resto de nuestra vida.

En una ocasión compramos un par de periquitos australianos, y la cajera de la veterinaria nos dijo: «Se llevan dos hembras, pero esto puede cambiar». Me quedé tan intrigada con su comentario que tuve que pedirle que me explicara. Ella me aclaró que, al no poder ver las partes sexuadas de los pajaritos, los humanos los diferenciamos en cuanto a su sexo por el color de su pico. En el caso de estos periquitos, si alrededor de los orificios del pico el color es azul, se trata de un macho, y si el color es marfil, entonces es hembra. Sin embargo, a medida que crecen, el color del pico puede ir cambiando hasta llegar a un color definitivo, que revelará su verdadera identidad sexual. En resumen, ¡no es que cambia su sexo! ¡Lo que cambia es la referencia externa que empleamos para distinguir su sexo!

Los humanos, a diferencia de los animales, no vivimos nuestra sexualidad solo por instintos. Nuestra sexualidad es más compleja, y tiene que ver con lo que pensamos de nosotros mismos al ser hombre o mujer, con nuestra interacción con los demás, con la aceptación agradable del cuerpo en donde estamos, y con nuestra forma de tratarlo.

La sexualidad tiene su base en los primeros años de edad. Por lo tanto, es trascendental la formación correcta de nuestros pequeños en su proceso de definición y formación integral de la sexualidad. No podemos dejar este tema a la deriva en la vida de nuestros hijos, ni darles la responsabilidad a otros de educarlos en este aspecto. Tenemos que tener una meta y un propósito en la sexualidad de nuestros hijos, buscando que ellos entiendan, acepten y valoren plenamente su sexualidad.

Ahora bien, si la sexualidad no se refiere solo al hecho de ser hombre o mujer, ni tampoco al proceso por el cual se hacen los bebés, entonces, ¿qué es y qué implica la sexualidad? Podemos decir que la sexualidad es el conjunto de las condiciones anatómicas, fisiológicas y psicológicas que caracterizan a cada sexo.

Mitos sobre el sexo y la sexualidad

Dependiendo de la cultura en que encuentres, pueden existir diferentes mitos o ideas acerca de la sexualidad que se usan para definir las características o comportamientos «deseables» de los hombres y las mujeres.

Por ejemplo, muchas veces se dice que los hombres son «verdaderamente hombres» cuando usan su fuerza física, cuando tienen poder y dinero, y cuando no lloran. También se dice que las mujeres son «mujeres de verdad» cuando son capaces satisfacer las necesidades afectivas, sexuales y fisiológicas masculinas. En algunas culturas se sostiene, además, que los hombres tienen más valor e importancia que las mujeres.

Lamentablemente, las madres han tenido un rol fundamental en el proceso de seguir perpetuando este tipo de mitos dentro de la casa. Al hacer diferencias marcadas entre niños y niñas, ya sea concediéndoles diferentes privilegios, o simplemente con las cosas que le dicen a cada uno, las madres les transmiten lo que su cultura piensa que deberían ser o hacer los hombres y las mujeres.

Nosotros, como cristianos, debemos adoptar la cultura del reino de Dios que vino a establecer Jesucristo. Este es un reino en donde tanto el hombre como la mujer son de igual valor delante de Dios y, por lo tanto, deben tratarse con respeto el uno al otro. Cada uno tiene roles y responsabilidades específicas, sí, y la pareja debe definir estas cosas de acuerdo a su cultura y a su situación peculiar. Pero la relación mutua que una pareja cristiana debe tener siempre como referencia es la relación entre Cristo y su iglesia: una relación de entrega, amor y honra.

Como cristianos, debemos adoptar la cultura del reino de Dios que vino a establecer Jesucristo.

La Biblia nos enseña que la tarea de formar a los hijos es una responsabilidad de los dos: de papá y mamá. Cada uno de ellos, desde su masculinidad o desde su femineidad, aportará a los hijos tanto identidad como formas correctas de relacionarse consigo mismos, con el mismo sexo, y con el sexo opuesto.

Me parece muy útil la información que aporta a los padres (hombres) la doctora, pediatra y psicóloga Meg Meeker. En sus libros: *«Padres Fuertes, Hijas Fuertes»* y *«Padres Fuertes, Hijos Fuertes»* ella les advierte a los padres que su presencia es importante y necesaria para la formación de sus hijos, sobre todo en el tema de la sexualidad. Las madres a veces cometemos el error de aislar a los padres de la tarea de corregir o instruir a los niños, pero en el diseño de Dios, cada uno aporta elementos importantes y únicos tanto a las hijas mujeres como a los hijos varones.

Creo firmemente que la gran crisis de sexualidad que vivimos hoy en día se debe principalmente a dos factores: a la falta de involucramiento de los padres en la crianza de los niños, y a la falta de un trabajo consciente y consistente de padres y madres para formar a sus hijos correctamente en todo lo que involucra su ser sexual.

El hecho es que los padres muchas veces evitamos o intentamos demorar el tratar estos temas con nuestros hijos. Esto tiene que ver con ciertos mitos que hemos creído, tales como que hablar de sexualidad es vergonzoso, o que hablando de esto podemos dañarles su inocencia (mejor seguimos con la historia de la cigüeña y otras similares...), o que si tratamos estos temas con ellos les vamos a despertar su interés o apetito sexual antes de tiempo.

Sin embargo, los datos que arrojan las encuestas son diferentes. En una consulta llevada a cabo en la universidad de Michigan,

9 de cada 10 adolescentes respondieron que sería más fácil para ellos el demorarse en tener actividades sexuales y prevenir embarazos no deseados si ellos pudieran tener «conversaciones más abiertas y honestas» con sus padres acerca de estos temas. ¡No hay nada más sano y normal que ser nosotros mismos quienes les ayudemos a nuestros hijos a descubrir el propósito de Dios al crearlos como hombre o mujer, y quienes les enseñemos cómo lidiar correctamente con su sexualidad!

Otro mito frecuente entre los cristianos es que Dios nos dio la sexualidad solo con el fin de procrearnos. Sin embargo, la Biblia nos enseña que el propósito de nuestra sexualidad es también darnos placer, y ayudarnos a establecer vínculos saludables y compartir intimidad dentro del matrimonio. **El Creador nos bendijo con nuestra sexualidad, y así nosotros también debemos bendecir a nuestros hijos al hablar clara y correctamente con ellos sobre estos temas.** Además, debemos informarles acerca de los peligros que pueden corromper su sexualidad, y enseñarles cómo protegerse.

EL DESARROLLO NORMAL DE LA SEXUALIDAD

Es importante saber que los niños descubren su sexualidad de una manera natural mediante la observación, la exploración y haciendo preguntas. Conocer los procesos o comportamientos sexuales normales que corresponden a cada edad nos ayudará a no alarmarnos, regañarlos o reprimirlos. Nos permitirá acercarnos a ellos con información veraz, para que se conozcan a sí mismos y se traten de la manera correcta. Conocer esta información también posibilita que los padres, médicos, psicólogos y educadores detecten problemas o situaciones latentes en la vida de nuestros pequeños, para intervenir correcta y oportunamente.

La tabla que te presento a continuación es un documento preparado por organizaciones de la salud, y está disponible a todo público:

Comportamientos sexuales comunes en la infancia

Niños preescolares (menores de 4 años)	Explorar y tocarse las partes íntimas, en público y en privado.
	Frotarse sus genitales (con la mano o con objetos).
	Mostrarles sus partes privadas a otras personas.
	Mirar cuando otros están desnudos (en el baño, o desvistiéndose).
Niños preescolares (menores de 4 años)	Hacer preguntas sobre su cuerpo y sobre el cuerpo de los demás.
	Hablar con otros niños de la misma edad acerca de las funciones corporales (como «hacer popó» o «pipí»).
Niños pequeños (entre 4 y 6 años)	Tocarse las partes privadas a propósito (masturbación), ocasionalmente en presencia de otros.
	Tratar de mirar a otras personas cuando están desnudas o desvistiéndose.
	Imitar comportamientos de pareja (como besarse o tomarse de las manos).
	Explorar las partes privadas con otros niños de la misma edad. (Por ejemplo: «Juguemos al doctor», o «Yo te enseño el mío si tú me enseñas el tuyo»).

Comportamientos sexuales comunes en la infancia

Niños en edad escolar (entre 7 y 12 años)	Tocarse las partes privadas a propósito (masturbación), usualmente en privado.
	Jugar con niños de su misma edad a juegos que involucran comportamientos sexuales. (Juegos como «verdad o consecuencia», «jugar a la familia», o al «novio/novia».)
	Tratar de mirar a otras personas cuando están desnudas o desvistiéndose.
	Querer más privacidad (por ejemplo rehusar a desvestirse delante de otras personas), y resistirse a hablar con los adultos acerca de temas sexuales.
	Empezar a sentir atracción sexual e interés hacia otros niños o niñas de su edad.

Sin embargo, algunos comportamientos sexuales infantiles indican más que simple curiosidad, y se consideran problemas del comportamiento sexual. Los problemas del comportamiento sexual pueden poner en riesgo la seguridad y el bienestar de tu niño y de otros niños también. Los problemas del comportamiento sexual incluyen todo acto que:

- Está claramente más allá del nivel de desarrollo del niño (por ejemplo, un niño de tres años que trata de besar los genitales de un adulto).

- Incluye amenazas, forcejeos o agresión.

- Incluye a niños con una gran variedad de edades (por ejemplo, un niño de doce años «jugando al doctor» con un niño de cuatro).

- Produce fuertes reacciones emocionales en el niño, tales como rabia (coraje, ira) o ansiedad.

CÓMO RESPONDER FRENTE A LOS COMPORTAMIENTOS SEXUALES NORMALES DE CADA EDAD

Es posible que cuando nos encontremos con alguna de las situaciones descritas en la tabla nos inquietemos, y no sepamos cómo hablarles a nuestros hijos. Sin embargo, creo que esta es una buena oportunidad para evaluar qué tanto saben sobre estos temas, y para educarlos al respecto. Por ejemplo, si los sorprendemos tocando y estimulando sus genitales, podemos tender a decirles en tono de regaño: «¡Eso no se toca!», pero esto lo único que va a producir es que lo hagan a escondidas y que tengan sentimientos de culpa luego de hacerlo.

Piensa primero: ¿por qué lo hacen? Lo hacen porque les produce placer, cosquillas, y los calma. El consejo de los profesionales es que cuando son pequeños (menores de cuatro años) lo que debes hacer es cambiarles el enfoque. Quizás encuentres a tu hijo haciendo esto mientras ve televisión; entonces puedes darle algunos objetos para que sostenga en las manos, o puedes invitarlo a jugar o a hacer otras cosas.

Si los niños ya son más grandes podemos decirles: «Esas son partes privadas, no te acostumbres a estarlas tocando frecuentemente porque después sin querer lo vas a hacer en público». También debemos explicarles que esas partes son muy sensibles, y que es normal que produzcan cosquillas, pero que tenemos que ser cuidadosos por cuestiones de higiene y salud.

Cuando esta práctica se torna compulsiva, es normal que los adultos se asusten y no sepan cómo reaccionar al respecto. Unos les dirán: «¡Eso es malo y no se toca!» y otros, como un amigo desesperado le dijo a su hijo: «¡Te lo voy a cortar si no te lo dejas de tocar!». Claramente ninguno de estos enfoques es recomendable. En realidad, cuando un niño se masturba de manera compulsiva, lo que está evidenciando es un problema de carencia afectiva que le provoca miedo, inseguridad y ansiedad. El niño, entonces, resuelve estas emociones estimulándose para obtener calma y sentirse bien. El tratamiento, en este caso, no debe enfocarse en corregir el comportamiento sino la causa. ¿Qué es lo que le está causando al niño ansiedad? Esa es la respuesta que debemos encontrar, para así resolver el problema desde la raíz.

Cuando hablamos con nuestros niños sobre temas sexuales (por ejemplo, luego de observar en ellos algunos comportamientos como los mencionados en la tabla), es importante mantener un tono de voz tranquilo y constante, y en lo posible hacer preguntas abiertas que le puedan ayudar al niño a tener la confianza necesaria como para conversar con nosotros sobre este tema. Usamos las preguntas abiertas para que el niño pueda contarnos lo que pasó o lo que sintió con sus propias palabras, en lugar de respondernos solamente con «sí» o «no». Por ejemplo, podrías preguntarle a tu hijo:

- ¿Qué estabas haciendo?

- ¿De dónde sacaste la idea?

- ¿Cómo aprendiste esto?

- ¿Cómo te sentiste al hacerlo?

Es probable que el niño simplemente haya sentido curiosidad, o estaba jugando pero no estaba afectado o sintiéndose mal por lo que hacía. Si usted encuentra una situación en la que su hijo se siente un poquito avergonzado, pero no perturbado ni afectado de otra manera, esta puede ser una oportunidad ideal para hablar con él acerca de límites saludables y reglas sobre el comportamiento sexual.

LA EDUCACIÓN SEXUAL DE LOS NIÑOS

Cada padre debe descubrir cuándo es el momento adecuado para iniciar un diálogo básico sobre sexualidad con su hijo. Generalmente, sus preguntas nos van a indicar el momento de iniciar estas conversaciones. Sin embargo, puede darse el caso de niños que no son tan curiosos como para preguntar, pero que, por el fácil acceso que tienen a Internet y a la televisión, son informados acerca de estos temas, y no de la mejor manera.

Por esto es que a veces debemos adelantarnos a ellos. No los podemos mantener en una burbuja por mucho tiempo: ellos van a la escuela, ven televisión, y tienen acceso a nuestros celulares. Incluso si tenemos «controles de seguridad», a veces durante el «horario familiar» de la televisión se presentan anuncios publicitarios con actividades sexuales adultas explícitas. También sucede esto en los canales de televisión para niños.

Por otra parte, aun desde muy pequeños los niños muestran curiosidad en relación al cuerpo humano, al nacimiento de los bebés, y las relaciones amorosas. Es hermoso oír las cosas que son capaces de preguntar, pero a veces nos ponen entre la espada y la pared. Preguntas del estilo: «¿Cómo nacen los bebés?» o «¿Cómo llegaron a la "pancita" de mamá?» deben tener respuestas apropiadas para cada edad.

¿QUÉ Y CUÁNDO HABLAR?

Siempre que hables de estos temas con tus hijos debes hacerlo con claridad y verdad.

Ante todo, debes recordar que siempre que hables de estos temas con tus hijos debes hacerlo con claridad y verdad. Nuestras respuestas deben ser acordes a la edad del niño y a lo que puede comprender, pero no debemos llenarles la cabeza de mentiras y explicaciones fantasiosas porque podríamos confundirlos.

¿Cuál es entonces la edad en la que debemos hablar de sexo y otras cosas con nuestros hijos? Esa es una de las preguntas más comunes que los padres tienen, ya que no es bueno hacerlo demasiado pronto ni demasiado tarde. Algunos, cuando por fin se animaron a hablar de ciertos temas, se llevaron la sorpresa que sus hijos ya sabían mucho más de lo que ellos imaginaban.

¿Y de qué hablar exactamente a cada edad? A continuación te compartiré una guía que me pareció de gran ayuda:

DE QUÉ HABLAR CON LOS NIÑOS MENORES DE 4 AÑOS:

- Debemos enseñarles que los niños y las niñas son diferentes, no solo porque usan moños o porque se visten distinto, sino porque físicamente son diferentes.

- Ante las preguntas directas acerca de cómo nacen los bebés, podemos darles una respuesta cierta pero simple: «Cuando el bebé ha cumplido su tiempo de formarse adentro de mamá, vamos al hospital y allá nacen los bebés con la ayuda de médicos».

- Debemos enseñarles desde pequeños el nombre correcto de sus genitales («pene» y «vulva») porque esto permitirá que ellos lo vean como otra parte de su cuerpo, sin connotaciones negativas ni vulgares. Se les puede indicar que cuando estamos en público también pueden referirse a sus genitales como «partes privadas».

- Es necesario explicarles que hay reglas acerca de los límites personales (por ejemplo, debemos mantener las partes privadas cubiertas, y no tocar las partes privadas de otros niños).

A través de un libro que leímos con Victoria titulado *«Red Flags»* (banderas rojas), le enseñamos que sus partes privadas son aquellas que cubre su vestido de baño de dos piezas. Esas partes NADIE las puede ver ni tocar, excepto sus padres o un médico en presencia de uno de sus papás. Si alguien pide verlas, eso es una «bandera roja» y ante eso ella debe contestar «NO». Tampoco nadie puede mostrarle sus partes privadas ni pedirle que las toque. Eso también es una «bandera roja» y ella tiene que decir «NO». Además, todas las banderas rojas que ella perciba debe contárselas a papá y a mamá sin ningún temor.

Enseñarle al niño que la respuesta ante cualquier amenaza contra su cuerpo o su intimidad es NO, es darle seguridad y poder.

Enseñarle al niño que la respuesta ante cualquier amenaza contra su cuerpo o su intimidad es NO, es darle seguridad y poder. Cuando ellos no se sienten seguros o cómodos en cuanto a alguna petición de alguien, o ante a alguna otra situación, deben tener la libertad de decir NO y de acercarse a hablar con nosotros con seguridad y confianza.

Por supuesto, no alcanza con leerle al niño un libro una vez. Esta es una plática que debe tenerse repetidas veces a medida que van creciendo. Debemos ser conscientes de que la mayoría de los abusos sexuales se dan con personas «de confianza», cercanas a la familia y al hogar. Por lo tanto, debemos ser astutos, no exponiendo a nuestros hijos, y dándoles la seguridad de que pueden acudir a nosotros en cualquier situación.

DE QUÉ HABLAR CON LOS NIÑOS PEQUEÑOS (ENTRE 4 Y 6 AÑOS):

- Debemos enseñarles que los cuerpos de los niños y niñas cambian cuando pasan los años.

- Debemos darles explicaciones simples acerca de cómo crecen los bebés dentro del vientre de las madres, y acerca del proceso de nacimiento. Podemos darles información técnica sobre cómo funciona el cuerpo: «Dios le dio a cada mujer un lugar especial en donde crecen los bebes. No es el estómago, porque allí solo va la comida. Es otra bolsita que se llama útero. Cuando el bebé ya está formado y está listo para nacer, los músculos de mami trabajan para empujarlo y ayudarlo a salir. El bebé sale por un conducto especial que Dios diseñó para él, que se llama vagina.»

- Es importante explicarles que puede que sientan una sensación agradable cuando se tocan las partes privadas, pero que esto es algo que deben hacer en privado.

- Debemos seguir reforzándoles las reglas acerca de los límites personales (como mantener las partes privadas cubiertas, y no tocar las partes privadas de otros niños). Además, debemos resaltar que si alguien los toca inapropiadamente, NUNCA es culpa de ellos, y que deben acudir de inmediato a papá o mamá.

Aquí podemos incorporar temas como el pudor. Personalmente me gusta definirlo como el celo o el cuidado por no mostrar sus partes privadas. Otros definen el pudor como la vergüenza de mostrar lo privado, pero sin embargo, a mí parecer, los sentimientos como la vergüenza pueden disiparse a medida que nos acostumbramos a una situación o la cuando la vemos como normal. En cambio, cuando yo adopto una actitud de cuidado o de celo por mi cuerpo, estoy determinando y definiendo cómo proteger mi intimidad. El pudor implicará también el ser recatados o cuidadosos en nuestra manera de hablar y en lo que hablamos, cuidadosos al vestirnos y al comportarnos en lo social.

Esta es también una buena edad para empezar a educar a nuestros hijos en temas como el amor propio y la belleza física. Entre los 3 y los 4 años, los niños ya se reconocen a sí mismos como niño o niña. En el caso de las niñas, es normal que quieran usar vestidos, pelo largo, y maquillaje. Y es normal que tanto niñas como niños relacionen el cuidado personal (como bañarse, peinarse bien, o vestirse bien) con la belleza. A la vez, todos les decimos: «¡Qué guapo!» o «¡Qué hermosa te ves!» para estimular el cuidado apropiado de su persona.

Sin embargo, debemos tener cuidado cuando la belleza se pone en un plano de competencia («Tengo que ser la más linda»). O cuando la belleza implica dolor o falta de movilidad («No juego para no ensuciarme» o «para no despeinarme»). (Eso del dolor por la belleza nosotras, las mamás, sabemos que va a venir más adelante... así que, ¡para qué hacerlas sufrir desde temprano!)

Otro cuidado que debemos tener es el de resaltar su propia belleza, y no fomentarles el imitar o perseguir ser como los símbolos sexuales del momento que aparecen en la televisión o en los videojuegos. Los niños pequeños no saben discernir entre lo bueno y lo malo. Ellos van a imitar todo: el comportamiento, sus movimientos, y su cultura. Nosotras debemos estar ahí para decirles: «No, amor, así no nos movemos», o para corregir lo que sea necesario.

En una ocasión, mi hija fue invitada a una fiesta de cumpleaños. Todas las niñas tenían entre siete y ocho años. El lugar tenía música del momento a un volumen muy alto, y en particular me llamó la atención una niña que no solo conocía la letra de todas las canciones, sino que también se sabía todos los movimientos. ¡Era como estar viendo el canal de MTV en vivo! Pero lo que más me impresionó fue ver la cara de sorpresa de su mamá. ¡Ella estaba igual de asombrada que yo! Luego observé que la mamá le preguntaba cómo se sabía todas las canciones, a lo que la niña contestó: «Mi papi». Entonces entendí la dinámica... los padres estaban divorciados, y al parecer mientras la cuidaba papi, eso era lo que ella veía.

Como mamás debemos ayudarles desde pequeños a identificar qué comporta-mientos son adecuados y cuales no

Ten presente que algunas imitaciones que nuestros hijos hagan de la cultura popular pueden parecer «graciosas», pero como mamás debemos ayudarles desde pequeños a identificar qué comportamientos son adecuados y cuales no, aunque sean populares.

DE QUÉ HABLAR CON LOS NIÑOS EN EDAD ESCOLAR (ENTRE 7 Y 12 AÑOS):

- Debemos brindarles información básica sobre la reproducción, el embarazo y el parto.

- Debemos enseñarles acerca de las consecuencias y riesgos asociados con la actividad sexual (como el embarazo, o las enfermedades transmitidas sexualmente). A estas alturas seguramente ellos ya van a conocer a alguna persona cercana que quedó embarazada sin estar casada, o algún caso por el estilo.

- Este es un buen momento para enseñarles que la intimidad no se comparte con todo el mundo ni a la ligera, que debemos esperar a una edad adecuada para iniciar las relaciones románticas, y que el marco de las relaciones sexuales es dentro de un pacto de compromiso y exclusividad al que llamamos matrimonio.

- A partir de los 10 años de edad, debemos enseñarles qué esperar y cómo lidiar con los cambios que traerá la pubertad (incluyendo la menstruación y los sueños mojados).

Durante esta etapa también nos tocará responder a algunas preguntas muy comunes como: «¿Por qué se besan las personas?», o «¿Cuándo se besan, tienen un bebé?». Estas son preguntas que pueden abrirnos la puerta para enseñarles lo que son las expresiones o demostraciones sanas de cariño. Algunas respuestas pueden ser:

«Cuando las personas se conocen muy bien en la amistad, nacen otros sentimientos más fuertes que solo ser amigos; entonces nace el amor y el deseo de estar más tiempo juntos.»

«Cuando un hombre y una mujer sienten amor, entonces hay formas de tratarse especiales y exclusivas solo para esa persona, como agarrarse de la mano, abrazarse y besarse. Eso no se hace cuando somos amigos ni cuando somos pequeños; estas relaciones se dan cuando somos más grandes.»

«Luego de un período de conocerse, al que llamamos noviazgo, las personas deciden hacer un compromiso mayor que se llama matrimonio. Entonces se van a vivir juntos para formar una familia y esperar allí a sus bebés.»

PERO ENTONCES, ¿CÓMO LLEGAN LOS BEBÉS AHÍ?

Esta es una pregunta que los niños pueden hacernos desde muy pequeños, y entonces puedes darles una repuesta simple, sin detalles. Algo como: «Los bebés son un regalo de Dios que se les da a los papás cuando se aman mucho».

Más adelante, en la etapa escolar, y una vez que ellos tengan claro cómo nacen los bebés, será tiempo de enseñarles sobre la concepción. Si todavía no han hecho la pregunta: «¿Cómo llegan los bebés ahí?», entonces tendrás que ser tú quien traiga el tema. Una buena idea para hacerlo es diciéndoles: «Ustedes ya saben cómo nacen los bebés, pero ¿saben cómo es el diseño de Dios para que exista un bebé en el vientre de la mamá?»

Otra forma de introducir el tema es a través de las herramientas que hoy tenemos. Por ejemplo, a través de programas de televisión o videos educativos. Con mi hija, iniciamos el tema luego de ver un episodio de «El autobús mágico». Allí hablaban de la diferencia entre un huevo no fecundado, y el huevo «gallo-gallina», que es de donde nacen los pollitos. La pregunta fue: ¿Por qué si todos los huevos se ven iguales, no de todos nacen pollitos? Y la respuesta que ella dio fue: «Porque para que haya un pollito, el huevo debe tener la parte del papá también».

«Bueno,» le dije, «pues así se forman todos los animales, ¡y los seres humanos también! Todos tenemos una parte de mamá y otra de papá. La forma en que se fecundan o se unen la parte de mamá y papá puede variar entre los animales y los humanos. En los humanos, el huevo, llamado "óvulo" se encuentra dentro de la mamá, bien protegido. La parte que aporta el papá para que haya un bebé se llama "espermatozoide", está también adentro de él, y sale a través de su pene. Para que se encuentren ese huevo de mamá con la parte de papá, papá y mamá tienen que unirse. ¿Cómo se unen? Papá pone su pene dentro de mamá y así se asegura de que su espermatozoide llegue hasta donde está esperando el óvulo de mami. Luego de eso, mami guarda en su útero esa unión, que se llama primero "embrión" y luego cuando crece es llamada "bebé".»

Como ves, la explicación es meramente técnica y suena como estar en una clase de ciencias. Pero, a diferencia de la clase, las mamás podemos añadirle a la explicación los elementos de felicidad y amor que envuelven este milagro de la vida.

CÓMO PROTEGER A NUESTROS HIJOS DE LA PORNOGRAFÍA

Tristemente, hoy en día la pornografía ya no es un tema exclusivo de los adultos; ni siquiera de los jóvenes. El Dr. Josh McDowell, junto con otros líderes en diversas disciplinas que investigan sobre el tema, advierte que la edad promedio en la cual los niños están entrando al mundo de la pornografía son los 8 años.

La razón de por qué se ha anticipado tanto la edad de introducción a estos temas es por el fácil acceso a Internet que nuestros hijos tienen. Si no atendemos esto a tiempo y de la manera apropiada, el daño puede llegar a ser devastador para nuestros pequeños. Además, ten en cuenta que la pornografía no es un tema exclusivo de los varones: en estos momentos las estadísticas muestran que la cantidad de mujeres consumiendo pornografía es casi igual a la de los hombres.

Pero, ¿dónde comienza todo? La mayoría de los niños se inician el consumo de pornografía por accidente (porque cayeron en algún sitio de Internet, o porque alguien se los mostró), por diversión, o por curiosidad. El problema es que una vez que la encuentran quedan atrapados, porque funciona en el cerebro al igual que una droga, y le genera el mismo resultado: satisfacción. Por esto, aunque deseen salir, tarde o temprano se darán cuenta que no pueden solos.

El cerebro de un niño no puede controlar los impulsos que la pornografía estimula, por lo que es más propenso a caer en una adicción.

El cerebro de un niño no puede controlar los impulsos que la pornografía estimula, por lo que es más propenso a caer en una adicción que resulta más difícil de romper que la de las drogas o el alcohol. Además, el cerebro de un niño es más vulnerable a la pornografía porque está diseñado para imitar lo que ve.

¿Por qué es tan adictiva la pornografía? Porque produce sensaciones de excitación en el cuerpo, ya que nuestro cerebro responde al estímulo visual liberando sustancias químicas que dan placer, pero por poco tiempo.

En este punto debemos aprender que existen dos partes de nuestro cerebro que se involucran a la hora de crear una adicción: el *cerebro que siente* y el *cerebro pensante*. El cerebro que siente tiene que ver con los sistemas que nos ayudan a sobrevivir, como sentir hambre, frío, sed, ganas de ir al baño, etc. Cuando el cerebro nos alerta de estas necesidades y las suplimos, nos recompensa con sentimientos de satisfacción. El asunto es que esta parte del cerebro no discierne si la necesidad es buena o es mala. Solo la detecta. Aquí radica precisamente el engaño de la pornografía: en que aunque genera una sensación sumamente placentera, al final nos deja con emociones como soledad, vergüenza y culpa. (Sentimientos que, además, provocan el aislamiento del que está sufriendo.) El daño principal de la pornografía es que tergiversa el propósito divino del sexo como un medio de expresión del amor entre dos seres adultos comprometidos entre sí, y las fantasías que genera eventualmente pueden incapacitar a las personas para establecer una relación romántica a largo plazo con un ser humano real.

¿CÓMO HABLAR CON NUESTROS HIJOS SOBRE LA PORNOGRAFÍA?

Estos son algunos consejos valiosos que quisiera compartir contigo:

1. Háblales siempre con verdad y claridad

Para poder hacer esto, primero tú misma debes quitarte cualquier tipo de vergüenza, morbo, o «religiosidad» con respecto al tema. Luego, cuando hables con tus hijos, utiliza buenos términos y definiciones claras, tales como: «La pornografía son imágenes, videos o incluso caricaturas de personas con poca o ninguna ropa. Se enfocan en aquellas partes de nuestro cuerpo que son privadas, aquellas que normalmente cubrimos con un traje de baño.» Explícales que así como hay fotografías y videos buenos, que evocan lindos momentos y cosas saludables, también existen fotografías y videos malos, que muestran cosas que no es bueno ver; esas imágenes son pornografía.

Una definición más completa para el niño más maduro podría ser algo como: «Cuando hablamos de pornografía nos referimos a un material diseñado para generar sentimientos sexuales en las personas a través de su desnudez o su conducta sexual. Allí aparecen imágenes, historias, sonidos, símbolos, acciones y palabras que hacen referencia a conductas sexuales.»

2. Incluye los sentimientos en tus conversaciones acerca de la pornografía

Cuando un niño, o cualquier persona en realidad, mira pornografía, experimenta sentimientos confusos, sentimientos encontrados. Por un lado puede sentir deseos de mirar más, y por otro lado siente deseos de no hacerlo. Los niños necesitan saber que es normal que nuestro cuerpo reaccione ante estas imágenes con diversos tipos de sentimientos, incluso con sentimientos opuestos que aparecen mezclados, tales como:

No quiero ver	Quiero ver más
Siento asco	Siento curiosidad
Siento que es malo	Siento que es bueno
Me hace sentir mal	Me atrae
Me da vergüenza	Me parece interesante

Tenemos que explicarles también que el sentimiento que al final va a perdurar es la culpa. Y la única forma de ser libres de esta culpa es contándoselo a sus papás, ya que el hablar le quita el poder a lo oculto. Por supuesto, los padres debemos orar con ellos y pedirle al Señor que los libere y los limpie de este sentimiento.

Ha sido asombroso como algunos padres de nuestra iglesia han experimentado una gran apertura por parte de sus hijos cuando ellos traen estos temas. En algunos casos, gracias a Dios, las conversaciones se han dado a tiempo y han podido orar por sus pequeños y restaurar esa inocencia que el enemigo les había robado.

3. Dale a tu hijo consejos prácticos sobre qué hacer en caso de verse tentado o expuesto a la pornografía

La pornografía es en realidad un tipo de abuso sexual, ya que expone al niño a sentimientos que él todavía no está preparado para manejar. Por lo tanto, como madre debes enseñarle qué hacer cuando se encuentra frente algún tipo de material pornográfico. Algunos consejos que puedes darle son:

- ¡Cierra tus ojos inmediatamente, y aléjate!

- Cuéntaselo cuanto antes a algún adulto de confianza.

- Llama a lo que viste por su nombre: pornografía. Identificarlo ayudará a tu cerebro y a tu conciencia a rechazarlo.

- Cuando sientas la tentación de volver a buscar pornografía, distrae tu mente. Haz algo positivo o algo que te interese más (como hacer ejercicio, jugar a algo, etc.)

Finalmente, mamá, asegúrate de empoderar a tu hijo. Dile con confianza: «¡Yo sé que en cualquier situación, tú siempre podrás decidir lo mejor!»

OTRAS FORMAS DE PROTEGER A NUESTROS HIJOS

- **Protegiendo todos los dispositivos a los que tienen acceso**
Encarguémonos de pedirle ayuda a alguien que sepa para poner en nuestros hogares sistemas o aplicaciones que bloqueen el «contenido adulto» en todos los dispositivos que tengan acceso a Internet.

- **Teniendo el control de dónde, cuándo y cuánto**
Hoy en día no nos podemos confiar, ya que no hay ningún tipo de cuidado en los comerciales que aparecen en televisión o en YouTube, aunque los programas que uno esté viendo sean «familiares». El contenido de los comerciales, ya sea de productos o de otras series que se pasan en el mismo canal, suele incluir imágenes y conductas que no son aptas para que las vean los pequeños.

Sigamos los consejos de los expertos, y no dejemos que nuestros hijos tengan computadores ni televisores en sus cuartos. El tema es más difícil con los IPads y celulares, pero estableciendo normas claras para su uso podremos cuidar lo que nuestros hijos ven.

Digo «normas claras» porque la mayoría de los padres no comunican las «reglas del juego» antes de que este empiece. Antes de entregarles un video juego o dejarles bajar una aplicación, debes investigar sobre ellas. Si no tienes mucha información, entonces debes tomarte el tiempo para ver el programa o el juego con ellos antes de dejarlos solos frente a la pantallas.

Delimita también el tiempo y el lugar en donde pueden usar cada dispositivo. Es recomendable que durante la noche los dispositivos como teléfonos, IPads, etc. se carguen afuera de las habitaciones donde dormimos. Esto no solo evitará el acceso a los mismos durante las horas en las que los niños deberían estar descansando, sino que también les evitará el estar expuestos tanto tiempo a la radiación. Es decir, servirá como un tiempo para «desintoxicarse» de las ondas que estos aparatos emiten.

¿QUÉ HAGO SI DESCUBRO QUE MI HIJO ESTÁ VIENDO PORNOGRAFÍA?

Como dije antes, es muy importante entender que tu hijo está siendo víctima de un abuso sexual. No cometas el error de gritarle, avergonzarlo, o acusarlo por esto. No utilices palabras ofensivas o hirientes como «¡Que cochino!» o «¡Que perverso eres que estás viendo esas cosas!». Ten mucho cuidado con tus palabras, para no añadir más culpa o vergüenza a la que ya siente.

Por supuesto, estos temas debes hablarlos con tu hijo en un ambiente privado, de manera que no lo expongas. Debes repetirle una vez más lo que es la pornografía y cuál es su efecto sobre el cerebro. Luego debes permitirle un espacio para que pueda hablar de lo que siente o hacerte las preguntas que necesite. Finalmente, ora junto a él para pedirle a Dios que lo ayude a ser libre, y para que le quite la culpa y la vergüenza.

Si ves que realmente se trata de un problema de adicción fuerte, busca el consejo de profesionales en el tema para así poder ayudar mejor a tu hijo.

Dios nos creó con una mente moldeable, que puede ser renovada cuando elegimos nuevos caminos.

La esperanza en todas estas situaciones es que nuestro cerebro es capaz de crear nuevas conexiones saludables. ¡Así es! Dios nos creó con una mente moldeable, que puede ser renovada cuando elegimos nuevos caminos. ¡Qué maravillosa noticia!

Capítulo 08

EL PODER ADICTIVO DE LOS DISPOSITIVOS ELECTRÓNICOS

Desde que se inventaron los teléfonos inteligentes y Mac creo el IPad, las familias pudieron frecuentar más los restaurantes con sus hijos pequeños… Si escuchas las historias de los padres de aquellos que hoy son adolescentes o jóvenes, todos te dirán que mientras sus hijos eran pequeños era imposible (o al menos súper estresante) ir a un restaurante o de compras con ellos. Mantenerlos quietos en la mesa sin desesperarse era una misión casi imposible.

Las «nannies», «nanas», o «niñeras» son, en Latinoamérica, parte de la familia. Constituyen un requisito casi indispensable cuando se crían hijos y ambos padres trabajan. Así, mientras ellas cuidan a los niños en casa, los adultos pueden hacer su trabajo y su vida social con tranquilidad. En Estados Unidos, por ejemplo, no es tan accesible tener una niñera de tiempo completo, e incluso son muy pocos quienes pueden una algunas horas a la semana. Por lo tanto, antes de que la tecnología inundara el mercado, las familias sencillamente se privaban por unos cuantos años de frecuentar restaurantes, cines y de otras actividades sociales, debido a los desafíos que implicaba salir con los pequeños.

Hoy en día la realidad es otra. Bebés y niños de todas las edades pueden estar «tranquilos» (casi podría decirse «ausentes») por largos ratos gracias al uso de los aparatos electrónicos. Estos dispositivos se han convertido en las niñeras de nuestros hijos, y en los tranquilizantes a aplicar a la hora de los berrinches. Es muy común ver a niños en los automóviles, en los aeropuertos, en las iglesias, en sus carriolas (cochecitos), y hasta en sus casas, todos súper quietitos y calmados, sumidos en esos aparatos.

EL GRAN SALTO A LA TECNOLOGÍA: EL IPAD

Hasta abril del 2010, los celulares ya estaban tentando a los niños, pero las pantallas eran demasiado pequeñas para que sus deditos navegaran e interactuaran fácilmente con el dispositivo. Además, los padres podían ocultar fácilmente los teléfonos en sus bolsillos o carteras. Entonces apareció El IPad: más grande y más brillante. Y lo que es mejor aún, con estuches protectores para el uso de toda la familia, incluidos los pequeños destructores.

La tecnología de tocar la pantalla (*touch screen*) para cambiar de aplicación o de video fue tan fácil de incorporar para los pequeños que muchos de ellos se acercan a las pantallas de los televisores actuales y pretenden hacer lo mismo con ellos. ¡Entender cómo funciona un control remoto les toma un par de años más!

Precisamente, lo fácil de manejar el IPad, y el efecto de tocar y que algo inmediatamente pase, capturó la atención de todos, especialmente de los más pequeños. Ellos pueden pasar muchas horas al día interactuando con IPads y viendo esos videos que parecen provocar un «efecto zombi» en ellos.

Sin embargo, aunque estos dispositivos son de gran ayuda para la «paz» y la «salud mental» de los padres, y a pesar de que las aplicaciones educativas prometen potenciar de una manera nunca antes vista el aprendizaje de los pequeños, los estudios ya han comenzado a arrojar reportes de cómo estos aparatos están modificando el cerebro de los pequeños, afectando de manera negativa su salud emocional y hasta su fisonomía física.

«LOS JUEGOS EDUCATIVOS DE LOS DISPOSITIVOS ELECTRÓNICOS HACEN MÁS INTELIGENTES A LOS NIÑOS»: ¿MITO O VERDAD?

Aunque casi todas las aplicaciones infantiles se promocionan como una gran ayuda para que tu niño sea más inteligente y no tenga dificultades de aprendizaje en la escuela, esto no es del todo cierto. Las aplicaciones educativas son creadas con la intención de que el niño aprenda de una manera divertida. En eso, sí, acertaron: la diversión facilita el aprendizaje infantil. Pero si numerosos estudios están demostrando que «el remedio es peor que la enfermedad», entonces como padres tenemos que analizar qué otras opciones tenemos para poder cumplir con la meta de que nuestros hijos desarrollen su capacidad intelectual.

De hecho, los dispositivos electrónicos tampoco son la solución perfecta. Hasta el día de hoy no hay estudios que prueben que el IPad pueda hacer a tu preescolar más inteligente, o que pueda enseñarle a hablar otros idiomas. Lo que sí puede hacer es lograr que tu hijo sea un «experto» en las aplicaciones que más usa. Aquí vale la pena recordar que la inteligencia no es solo el saber ciertas cosas, sino que la inteligencia, o el Coeficiente Intelectual (Ci), es **un conjunto de habilidades**. En las escuelas, por ejemplo, evaluarán a nuestros hijos en las siguientes 7 habilidades: lenguaje, información, memoria, matemática, inteligencia espacial, razonamiento lógico y habilidades de motricidad fina.

Esto debe abrirnos los ojos para no engañarnos a nosotros mismos al pensar que poniéndoles delante de estas pantallas les estamos ayudando. Lo que debemos hacer como padres es ayudar a nuestros niños a desarrollarse integralmente. (Al final de este capítulo te daré una guía de ideas para ayudar a tus niños a desarrollar todas las áreas de su inteligencia.)

El uso desmedido de la tecnología ha vuelto más tontos a nuestros hijos.

En el año 2017 dos experimentados maestros, Joe Clement y Matt Miles, sacaron un libro que ha causado un gran impacto en miles de padres en los Estados Unidos. El libro se titula *«Screen Schooled»* («Educados por las pantallas»), y en él exponen cómo el uso desmedido de la tecnología ha vuelto más tontos a nuestros hijos. Según su vasta experiencia en diferentes niveles educativos, el uso de estos aparatos, en lugar de estimular al aprendizaje de los niños, los limita, ya que hace que les cueste más enfocarse y que se distraigan fácilmente. Parece ser que la solución para los problemas de aprendizaje de los niños de hoy no es darles más pantallas, sino limitar al mínimo su tiempo frente a las mismas.

SI LAS «APLICACIONES EDUCATIVAS» SON TAN BUENAS, ¿POR QUÉ LOS MISMOS CREADORES NO DEJAN A SUS HIJOS JUGAR CON ELLAS?

Hace un par de años salió un artículo en una revista que mi esposo y yo solemos leer. La autora del artículo había participado en una convención de desarrolladores de aplicaciones para niños en el 2013. Allí se habían reunido unas cuantas docenas de creadores para mostrar las novedades de las aplicaciones o «juegos». La mayoría de ellos eran conocedores de los intereses de los niños desde los 18 meses hasta los 4 años, y por lo tanto las aplicaciones tenían que ver con armar rompecabezas sencillos, con construir torres con bloques para luego destruirlas, con los sonidos de las letras del abecedario, etc.

Entre los creadores se encontraba una ex-maestra del reconocido método de aprendizaje Montessori, quien a su vez era madre de 4 hijos. Ella había creado una aplicación para enseñar a los niños los sonidos de las letras. La periodista le preguntó: «¿Y qué juegos les gustan a tus hijos?» «Oh, no, ellos no juegan mucho a estos juegos», contestó la mujer. Asombrada ante la respuesta, la periodista continuó indagando. «¿Por qué?», le preguntó. La sincera respuesta de la mujer fue: «Porque no se los permito. Ellos tienen prohibidos los aparatos electrónicos durante la semana, a no ser que sea estrictamente indicado por su colegio. Solo durante los fines de semana les permito usarlos, y por no más de 30 minutos. No quiero que sea adictivo ni estimulante en exceso para sus cerebros».

Los aparatos electrónicos se han convertido en las niñeras de muchos niños.

Ante esta respuesta que la dejó verdaderamente sorprendida, la periodista decidió preguntarles a otros desarrolladores qué reglas aplicaban para sus propios hijos sobre este tema. Uno dijo que solo les permitía usarlos en aviones o en viajes largos en automóvil. Otro dijo que solo los miércoles y los fines de semana, y solo por media hora cada día.

En el 2007, Bill Gates, el entonces presidente de Microsoft, implementó un límite en el tiempo de pantalla cuando notó que su hija empezaba a desarrollar un comportamiento adictivo frente a un video juego. Además, él no les dejó a sus hijos tener celulares hasta que cumplieran 14 años. (En los Estados Unidos, la edad promedio actual en la que un niño tiene un celular son los 10 años).

Steve Jobs, quien fuera el creador y presidente de Apple, reveló en una entrevista en el New York Times que él les prohibía a sus hijos usar el entonces recién lanzado IPad (creado en el 2010). «Nosotros limitamos toda la tecnología que nuestros hijos usan en casa», le dijo al reportero Nick Bilton.

PELIGROS Y CONSECUENCIAS DEL EL USO INADECUADO DE LA TECNOLOGÍA

Las razones de por qué los expertos en tecnología no permiten que sus propios hijos la usen en demasía, es precisamente porque ellos saben el poder que tienen estos aparatos y no desean que sus cerebros, en pleno proceso de formación, reciban estímulos de este tipo y desarrollen conductas adictivas.

La neurociencia ha evolucionado a pasos agigantados en los últimos años gracias a la capacidad que la ciencia ha desarrollado de poder medir y conocer más profundamente lo que sucede en cerebro, sobre todo en el área de las causas y efectos. (Se le provee un estímulo al cerebro -visual, auditivo, o sensorial- y se observa cómo éste reacciona.) Uno de los conceptos más novedosos que ha aportado la neurociencia es el de la «elasticidad» o «plasticidad» del cerebro. Esto tiene que ver con la estructura y las conexiones que el cerebro crea de acuerdo a la conducta de la persona y a sus experiencias.

Está en nuestras manos, como padres, decidir qué tipo de desarrollo mental queremos promover en nuestros hijos. Los electrónicos jamás van a crear las conexiones que nuestros hijos necesitan, aunque sus aplicaciones se promocionen como «educativas». ¿Cuál es la solución entonces? Bueno, así como buscamos darles a nuestros niños un menú alimenticio variado y saludable, así mismo debemos hacer con el entretenimiento. Si no queremos crear patrones o hábitos dañinos que después tengamos que reparar, necesitamos ser intencionales en limitarles el tiempo de uso de la tecnología, ofreciéndoles a la vez alternativas interesantes y saludables en las que puedan emplear su tiempo

Los dispositivos electrónicos presentan, además, peligros para la salud emocional de los niños y adolescentes. Actualmente hay muchos estudios que relacionan la depresión en edades adolescentes con la exposición desmedida a las pantallas, y especialmente a las redes sociales. Por eso, es sumamente importante que establezcamos para ellos, desde pequeños, conductas correctas con respecto al uso y al tiempo de estos aparatos Protegerlos en su niñez y educarlos para que puedan tomar buenas decisiones en la vida adulta, es no solo nuestra tarea sino también nuestra obligación.

6 CONSEJOS PARA AYUDARTE A LIMITAR EL TIEMPO DE TUS HIJOS FRENTE A LOS DISPOSITIVOS ELECTRÓNICOS

1. Pon el ejemplo

Perdón por empezar con el más duro, pero no hay otra manera de empezar. Los hijos usualmente repetirán el comportamiento que sus padres les modelen. Si ellos te ven leyendo un libro, ellos serán más propensos a que les guste la lectura. Si ellos te ven pasar muchas horas frente al televisor, entonces ellos también harán lo mismo.

Es muy difícil ayudar a nuestros hijos cuando no hay buenos hábitos dentro de la familia. Pero conociendo todos los beneficios que trae el limitar el uso de los dispositivos electrónicos, ¡vale la pena el esfuerzo!

Es muy importante que papá y mamá estén de acuerdo en este tema, y que juntos establezcan las normas que regirán el uso de los dispositivos en casa. Luego de establecer las reglas, asegúrate de cumplirlas, porque si no tus hijos te lo recordarán, y no de muy buena manera.

Es tu trabajo como mamá animar a tus hijos para que tengan una conducta sana y limitar aquellas que no lo son, aunque eso signifique tomar decisiones que no sean tan populares.

2. Limita el tiempo

Si no vas a apagar el televisor o cualquier dispositivo por completo, entonces por lo menos elige un tiempo apropiado para que tus hijos puedan usarlo. Y con tiempo aquí me refiero tanto a la cantidad, como a la ocasión. Un ejemplo de esto sería decirles a tus hijos que pueden ver un programa o jugar en videojuego durante 20 minutos, pero solo después de haber terminado sus tareas o sus responsabilidades en la casa.

3. Promueve otras actividades

Provéeles a tus hijos de los recursos necesarios (libros, juegos de mesa, materiales de arte) como para que tengan alternativas saludables y entretenidas en las que invertir su tiempo. Procura también involucrarte tú en algunos de esos juegos y actividades. **¡El simple hecho de que tú participes hará que cualquier propuesta les resulte interesante a tus hijos!**

En nuestro caso, uno de los desafíos que tuvimos con Victoria fue el limitar el uso de televisor o el IPad durante el trayecto a la iglesia. Nos toma casi una hora conducir hasta allí, por lo que ella estaba acostumbrada a utilizar algún dispositivo para entretenerse. Esto significaba una hora de ida y otra hora de regreso con Victoria prendida a la pantalla. Nos dimos cuenta de que no solo esto le estaba haciendo daño, sino que nos estábamos perdiendo de un tiempo precioso para interactuar con ella. Cuando le dijimos que habíamos decidido reemplazar esto con otra actividad, no lo tomó nada bien. Todo le parecía «aburrido»... hasta que descubrimos una actividad que la capturó: ¡las adivinanzas! Con el tiempo, todos nos volvimos expertos en ellas, y ahora el desafío es inventarlas. Le estamos enseñando a Victoria a ser creativa, ¡y además son los momentos de más risa en toda la semana!

4. Juega con tus hijos e involúcrate en sus vidas

Siéntate en el piso con tus hijos. Toma una muñeca, un carrito, o una pelota, y juega con ellos. El ser intencional mostrando un amor abnegado cuando tienen entre 4 y 10 años, va a dar frutos cuando cumplan 13. ¡Vas a estar contenta de haberlo hecho!

Como familia, no desaprovechen los tiempos de comida teniendo algún aparato que les distraiga. Aprovecha esos momentos para conversar y hacer preguntas. También puedes contarles cosas que ellos no sepan de ti, y de tu infancia. Para muchos padres es más fácil encender el televisor que involucrarse en las vidas de sus hijos. Pero esos momentos de dejar todo lo demás y dedicarles tiempo a ellos son un requisito para una crianza exitosa. Observa, escucha, pregunta, y participa. Eso también es parte (y muy importante) de tu tarea de madre.

5. Estate atenta a los cambios de conducta

Los dispositivos tienen un efecto a largo plazo, pero también un suelen tener un impacto inmediato sobre la conducta de los niños. Después de mucha televisión o videojuegos se tornan irritables, agresivos, egoístas e impacientes. Si haces el esfuerzo de reemplazar las pantallas por otras actividades, aunque no seas la mamá más popular del vecindario, vas a encontrar que tus hijos comenzarán a usar más su creatividad, a jugar con más ganas, y a sentirse más felices.

6. Nada de tele en las habitaciones

Nada de tele en las habitaciones de tus hijos, y tampoco en la tuya.

Limitar el tiempo que tus hijos pasan frente a las pantallas puede parecer una tarea imposible, o una batalla difícil de pelear. ¡Pero vale la pena pelearla! Y si de verdad quieres hacerlo, tienes que empezar por algún lado. Ten presente que implementar algunos pasos de manera inmediata, te ayudara a implementar los otros después. La televisión es una conducta de impulso colectiva. Entre más lo haces, más propenso eres a continuar haciéndolo. Pero lo opuesto también es verdad. Entre más apagues el televisor, ¡más fácil será mantenerlo apagado!

7 CONSEJOS (SIN PANTALLAS) PARA DESARROLLAR LA INTELIGENCIA DE TU PREESCOLAR

Hace algunas páginas te prometí dejarte una guía de buenas ideas para ayudar a tus niños en edad preescolar a desarrollar todas las áreas de su inteligencia. Bueno, pues aquí está. Karen Quinn es una reconocida tutora de padres para niños en edad preescolar, quien los asesora para preparar a los niños que están por iniciar su vida escolar, de manera que ellos puedan pasar las pruebas en las escuelas más exigentes de Manhattan, NY. A continuación te comparto algunos prácticos consejos tomados de su libro *«Testing for Kindergarten»*:

- **Habla con tu hijo acerca de cualquier cosa, TODO EL TIEMPO.** Esto ayudará a construir sus habilidades del lenguaje. Los niños que son criados en ambientes con mucha comunicación tienen puntajes de Coeficiente Intelectual casi 38 puntos más altos que los niños que vienen de hogares con poco diálogo.

- **Lee libros con dibujos que enseñen conceptos**. Conceptos como colores, formas, estaciones, frutas, o animales de la granja. Toda la información básica es útil para un niño en edad preescolar.

- **Desafía la memoria de tu hijo**. Después de leerle un libro a tu hijo, pídele que te cuente la historia en sus propias palabras. Usa también juegos de patrones o secuencias que él/ella pueda repetir. Estas actividades le ayudarán a desarrollar su memoria verbal y visual.

- **Involucra conceptos matemáticos en tus conversaciones.** «La cena estará lista en 5 minutos.» «¿Quieres la galleta completa, o la mitad?» «¡Qué lindos deditos tienes, vamos a contarlos!» «Oh, veo que tienes tres chocolates. Te voy a dar dos más. ¡Ahora tienes 5!». Puedes también incorporar las matemáticas al leer juntos libros con dibujos. «¡Mira que montón de brazos tiene el pulpo! ¡Vamos a contarlos!»

- **Provéele a tu hijo juegos como bloques, rompecabezas, legos, etc.** Todos estos tipos de actividad desarrollan sus habilidades espaciales. También son útiles los libros en donde hay dibujos escondidos dentro de otros dibujos, y los libros en los que hay que encontrar objetos o animalitos en diferentes tipos de lugares.

- **Deja que tu hijo soluciones problemas.** Cuando sus juguetes rueden debajo de la mesa o de la biblioteca, pídele que busque la forma de sacarlos de ahí. Cuando no logre vestirse a tiempo para salir al colegio, pídele que busque maneras de hacerlo más rápido. Deja que piense cómo resolver sus problemas, no le soluciones ni le definas todo. Así le enseñarás a ser seguro de sí mismo en la toma de decisiones. Además, se ha comprobado que los niños que toman decisiones libremente en casa, desarrollan fuertes habilidades cognoscitivas que les sirven luego fuera de casa también.

- **Mantén siempre disponible una buena cantidad de artículos de manualidades y de arte**. En los días lluviosos, o cuando no tengas muchos planes, deja que su creatividad crezca empleando crayones, tijeras (las adecuadas para su edad), gomas de pegar con brillantina, plastilina o «Play-Doh», pinceles y pinturas, etc. Todo este tipo de actividades ayudarán a tu hijo con el desarrollo de su motricidad fina, es decir, a tener un buen control de sus manos y dedos. Y además, ¡son muy divertidas!

Bono: **Haz del juego una prioridad**. Jugar es como una vitamina que sostiene el desarrollo de todas las habilidades de la inteligencia. Si tu hijo disfruta de las actividades que realiza, tenderá a ver el aprendizaje como algo agradable y no como una obligación. Como mamá, ¿puedes pensar en un tiempo mejor invertido que este?

Capítulo 09

CÓMO TRANSFERIRLE UNA FE SINCERA A TU HIJO

«Me acuerdo de tu fe sincera, pues tú tienes la misma fe de la que primero estuvieron llenas tu abuela Loida y tu madre, Eunice, y sé que esa fe sigue firme en ti.»
2 Timoteo 1.5

Aunque Timoteo venía de un hogar en donde su padre era griego y su madre judía, resulta evidente que tanto su abuela como su madre habían hecho un excelente trabajo en transferirle la fe a Timoteo. Y me llama la atención que no solo dice «fe», sino que el texto aclara qué tipo de fe le fue transmitida: era «una fe sincera». ¿Qué quiso decir Pablo con eso? Pues que se trataba de una fe pura, sin fingimiento. No se nos dice si el padre de Timoteo había abrazado o no la misma fe, pero lo que sí queda claro es que la fe que su madre y su abuela vivían en sus casas era igual a la que profesaban públicamente. Una fe sin máscaras ni religiosidad. Una fe real.

Si tú quieres tener hijos llenos de fe, la primera que debe abrazar genuinamente esta fe eres tú.

¡Mamá, si tú quieres tener hijos llenos de fe, la primera que debe abrazar genuinamente esta fe eres tú! Además, el apóstol Pablo nos enseña que la fe debe ir acompañada de obras qué sean coherentes con esa fe. También el apóstol Pedro nos enseña en 2 Pedro 1.5-8 que para crecer en la fe debemos añadir ciertas cosas:

- Virtud o excelencia moral

- Conocimiento (Un gusto por conocer las Escrituras y profundizar en los conceptos de la fe)

- Dominio propio. (Esto habla de madurez, de no dejarse controlar por otras cosas, sino tener la capacidad de controlarnos a nosotros mismos.)

- Perseverancia y constancia

- Sumisión o devoción a Dios

- Afecto fraternal

- Amor

El apóstol Pedro continúa diciendo que, si abundamos en estas cosas, no solo vamos a crecer en el conocimiento del Señor Jesús, ¡sino que también seremos personas más útiles y productivas!

Otro buen ejemplo de una madre que supo transferir su fe sincera a su hijo es Ana. La historia está narrada en 1 Samuel, capítulo 1.

Ana había concebido a Samuel luego de una experiencia transformadora con Dios. Desanimada por su esterilidad, ella había derramado su alma en el templo, y además de rogarle al Señor por un hijo, le había prometido que si lo tenía, lo dedicaría a Él. Y esa mujer sí que hablaba en serio, porque cuando su niño creció hasta una edad en la que ya no dependía de ella, Ana lo llevó a vivir al templo (a pesar de que allí vivían algunos líderes religiosos que no tenían ningún respeto por el Dios a quien servían).

Si yo hubiera estado en la situación de Ana, pienso que seguramente le hubiera explicado al Señor que, aunque dedicárselo era inicialmente mi intención, ahora no estaba tan convencida de hacerlo porque los que iban a estar cerca mi hijo no serían para él el mejor ejemplo de pureza y consagración. (Pensándolo bien, ¿no es esto acaso con lo que se enfrentan nuestros hijos diariamente?)

Pero la historia de Samuel no terminó allí. La Palabra nos revela que cierto día, viviendo ya el niño bajo la custodia del sacerdote Elí, sucedió que mientras el sacerdote dormía en su habitación, el pequeño Samuel dormía en el santuario, en donde estaba el arca de Dios, y Dios lo llamó. Al principio Samuel pensó que era Elí quien lo llamaba, pero finalmente supo que era el Señor mismo quien lo estaba llamando, y sin dudarlo le respondió: *«Habla, porque tu siervo oye»*.

Pero permíteme volver un poco hacia atrás para señalarte un detalle que a veces se nos escapa. ¿Notaste dónde dormía Samuel? En el templo de Jehová, donde estaba el arca de Dios. ¡El niño buscaba estar cerca de la presencia de Dios de día y de noche! Y es que seguramente recordaba las palabras de su madre, y sus relatos acerca del Dios que ella había conocido y experimentado. La Palabra nos dice que antes de que su madre llevara al pequeño a que viviera en el templo, ella prefirió quedarse en su ciudad con el pequeño Samuel hasta que estuviera *preparado* para dejarlo allí. Es decir, que ella dedicó *tiempo intencional* para formar al pequeño Samuel. ¡Y vaya si hizo un buen trabajo!

En el capítulo 1 te mencioné que la ventana de tiempo que tenemos para invertir y sembrar en nuestros hijos todo lo que deseamos se limita tan solo a unos cuántos años, y que es en esos primeros años de vida cuando ponemos los cimientos de lo que será su vida adulta. ¡Yo me imagino las repetidas veces que Ana le contaría a Samuel de su encuentro con Dios aquel día en el templo! Ella hasta le habló de su propósito en esta tierra al llamarlo Samuel, que significa «Dios oye». Samuel desde muy pequeño fue la voz de Dios en la nación de Israel, y él siempre anunciaba que Dios no era un Dios lejano, sino que Él tenía oídos para el que le buscaba genuinamente. Dios usó a Samuel durante toda su vida, y con esto honró la fe y el trabajo de su madre.

TRANSFIRIENDO LA FE CON UN EJEMPLO DE FE

En su libro *«Raising Kingdom Kids»* («Criando hijos del Reino») el Dr. Tony Evans expresa que «la simple y más grande razón por lo cual estamos perdiendo a nuestros jóvenes es porque el hogar ya no es más ese lugar en donde la fe es transferida.» ¡El propósito fundamental de la crianza en el hogar es la evangelización y el discipulado de los hijos!

Desde pequeña, yo siempre disfruté mucho compartir del mensaje transformador del Evangelio. Al asistir a un colegio Católico y notar la diferencia en cómo mis amigas vivían su fe, me propuse retransmitirles lo que ellas ya creían y mostrarles cómo lo podían hacer realidad en sus vidas. Esto ocasionó que durante todos los años que estudié con ellas, mi comportamiento tanto dentro del colegio como en las fiestas de cumpleaños fuera coherente y consistente con mi mensaje. ¡Mi mayor mensaje para ellas durante aproximadamente 6 años fue mi propia vida!

Doy gracias a Dios porque la fe que yo conocí y el estilo de vida que aprendí en la iglesia no eran para nada legalistas, ni estaban llenos de mensajes como: «No puedes esto» y «No puedes lo otro», ¡porque creo que no los hubiera podido vivir en la adolescencia! Mi fe en Jesucristo siempre fue sincera y real. Yo me enamoré desde temprana edad del Dios de la Biblia, y esa sola verdad hacía brillar mi vida. Si estudiaba, me esforzaba por hacerlo lo mejor posible; si hacía deporte, le ponía mucha garra; si bordaba (sí, era de monjas mi colegio), me pasaba horas en eso; si iba a fiestas de cumpleaños, celebraba con ganas. Todo esto con una conciencia limpia, sin salirme de control, y sin querer aparentar ser una «santurrona».

¿Cuál era mi motivación? La meta que tenía. Ya les había dicho a mis compañeras que iba a mostrarles lo que era ser cristiana. No podía, ni quería, dejar que mis palabras se vinieran al piso por mi forma de vida. Mi meta era invitarlas a conocer al Señor.

Luego de graduarnos, y casi una década después, cuando la tecnología reconectó a las personas, me puse en contacto con muchas de ellas. La gran satisfacción fue escuchar el testimonio de varias al decirme: «¡Ahora soy Cristiana! Me acuerdo cuando me hablabas y quiero decirte... gracias.».

> **Los hijos son muy observadores, y siempre notan si hay diferencias entre lo que hablamos y lo que vivimos.**

Esa experiencia en el colegio cuando era más joven, es en esencia lo que debo seguir practicando en mi casa hoy que soy mamá. Ahora tengo un par de ojitos que me miran, un par de oídos que están muy atentos a todo lo que digo, y una mente que observa y analiza mi vida a cada momento. Los hijos son muy observadores, y siempre notan si hay diferencias entre lo que hablamos y lo que vivimos. No lo hacen por juicio. Nuestros hijos analizan nuestra vida en contraste con nuestra fe, sencillamente porque así es el proceso de aprendizaje. La teoría va explicada por la práctica. Y la práctica ayuda a que la teoría sea entendida y se adhiera a la memoria. Cuando la teoría y la práctica difieren, los niños no entienden el concepto.

TRANSMITIENDO LOS CONCEPTOS ESENCIALES DE LA FE

Como mamás, debemos aprovechar cada momento de la vida cotidiana para transmitirles a nuestros hijos los conceptos de la fe. Aquí te dejo una lista con ideas que pueden servirte en este propósito.

El perdón

Una buena idea es que cuando oramos juntos en las noches y hacemos un resumen del día, les preguntemos a nuestros hijos si hay algo o a alguien a quien deban perdonar. Entonces, podemos ayudarles a hacer efectiva la oración que Jesús nos enseñó cuando dijo: «Perdona nuestros pecados, así como también nosotros perdonamos a quienes nos ofenden.»

Pero ellos también quieren ver tu perdón en acción. Aprovecha las oportunidades que tengas con ellos mismos, aceptando sus disculpas cuando se portan de manera grosera o desobediente. Y cuando los corrijas y hayas aplicado las disciplinas necesarias, procura no guardar resentimiento en tu corazón contra ellos. Busca maneras de promover el diálogo y la reconciliación, sin necesariamente quitar las consecuencias por los actos erróneos. Evita las frases como: «Eso no te lo voy a perdonar nunca», y mucho menos apliques esos «castigos de silencio» que duran días, y que más bien lo que gritan es que ¡el sol sí se puso sobre nuestro enojo!

El amor

El amor es lo más tangible que podemos enseñar. Amamos con palabras, con actos de servicio, con regalos, con caricias tiernas, con respeto, y de mil maneras más. La forma más bíblica en la que podemos enseñar este concepto es cuando les mostramos amor a nuestros esposos, a nuestros hijos, a nuestros vecinos, y aun a las personas difíciles de amar.

Es importante enfatizarles a los niños que el amor no es solo pronunciar palabras de amor. El amor siempre va ligado al compromiso, a la constancia y a ciertos actos que evidencian ese amor. Cuando les hacemos la comida, aprovechemos para decirles: «Lo hago con gusto, porque es una forma de expresarte mi amor». (Sí, aunque no te guste cocinar.) Y cuando les pedimos que recojan el cuarto o que ayuden con las tareas de la casa, aprovechemos para enfatizarles que esa es una forma práctica de amar a la familia.

Como madres, debemos tener presente que para que pueda brotar un amor constante de nosotras, necesitamos acercarnos a la fuente de donde brota el amor perfecto, que es Dios. Solo así podremos vencer el cansancio físico, el agobio de la rutina, y las pequeñas (o grandes) frustraciones de la vida, e incluso pasar por alto el desagradecimiento que a veces nos muestran nuestros hijos.

Finalmente, si tú puedes mostrarles amor, debes recalcarles que Dios los ama mucho más aun, y explicarles que la motivación de Jesús para venir al mundo fue precisamente esa: su gran amor para con nosotros.

La humildad

Si hay algo que he observado que derrite el corazón de nuestros hijos es cuando venimos a ellos reconociendo nuestros errores. Seguramente alguna vez vamos a cometer una que otra injusticia cuando los disciplinemos, ya sea por no creerles o por no tener todos los hechos a la mano en el momento de la corrección. Seguramente alguna vez se nos va a «pasar la mano» con el castigo, o les vamos a gritar, no tanto porque se lo merecían, sino por nuestra propia frustración. Seguramente alguna vez vamos a fallarles en situaciones en las que ellos esperaban nuestra presencia. Pero no hay nada más reconciliador que venir a nuestros hijos en humildad y pedirles perdón por nuestros errores.

¿Acaso esto no te hace parecer vulnerable? Seguro que sí. Sin embargo, por el resultado en ellos, y por el bien de la relación, vale la pena que te muestres vulnerable en este aspecto.

No les podemos modelar a nuestros hijos que la vida cristiana es una vida perfecta. Eso es una mentira, y si eso es lo que demandamos de ellos, tarde o temprano van a alejarse de todo lo que tiene que ver con Dios. La vida cristiana que debemos modelarles en nuestro hogar tiene que ser una vida genuina, en la que cuando fracasamos o pecamos, usamos la humildad como el vehículo para ser restaurados por nuestro buen y misericordioso Dios.

ACLARANDO LOS CONCEPTOS ACERCA DE DIOS

Cuando nuestra hija Victoria tenía unos cuatro años de edad, la animábamos a que ella dirigiera ciertos momentos de oración en casa, ya sea a la hora de comer o cuando orábamos al final del día. Sin embargo, notábamos que ella constantemente se negaba a hacerlo. En lo personal, yo siempre disfruto las oraciones de los hijos de nuestros amigos cuando compartimos una comida, y cómo incluso entre hermanos se pelean por dirigir la oración. Pero no veía ese interés en mi hija. ¿Sería tal vez por la falta de hermanos? Cierto día, ante la insistencia nuestra de querer que ella se animara a dirigir la oración, la pequeña Victoria nos contestó: «¿Para qué quieren que ore yo? Sigan orando ustedes, que lo hacen muy bien.» Le explicamos entonces que no se trataba de orar bien, sino de que Dios anhelaba tener una relación personal con cada uno de nosotros, y que lo que más les importaba a mamá y papá era que ella tuviera una amistad con Jesús. A partir de ese momento, Danilo y yo empezamos a pedirle al Señor que se le revelara a ella, aun a su corta edad. Oramos para que Victoria tuviera un encuentro con Dios, y para que el concepto de Dios se hiciera real en ella.

No pasó más de una semana cuando Victoria se levantó muy contenta en la mañana, contándonos que había tenido un sueño. El sueño había sido muy claro. Ella había visto una cama grande con cuatro almohadas: una para papá, otra para mamá, otra para ella, y la otra para Jesús. Luego había visto cuatro lavamanos. Nuevamente, uno de ellos le pertenecía a Jesús.

La presencia de Jesús había sido tan clara para ella, que cuando llegó la hora de la comida, y como justamente nuestra mesa tiene cuatro sillas, ella sirvió un cuarto plato, lo puso en la mesa, y dijo: «Este es el de Jesús».

Después de ese episodio, la figura de Dios dejó de ser para Victoria algo etéreo, intangible e invisible. Ella había entendido que Jesús estaba en lo cotidiano de su casa, y cuando oraba en la mesa, miraba al asiento vacío y sabía que Él estaba sentado a la mesa con nosotros. ¡Su forma de comunicarse con Dios a través de la oración no pudo haber sido más natural!

Como padres, no debemos asumir que nuestros hijos van a adoptar nuestras prácticas de fe fácilmente. Otra cosa que descubrimos en nuestras indagaciones acerca de por qué Victoria no quería orar, fue la causa por la cual ella estaba desanimada en la oración. Ella nos dijo: «Dios no me responde. Yo hablo y hablo, pero a Él no lo oigo. Le hago preguntas, pero no me responde.» ¡Qué gran lección nos estaba dando nuestra hija! Tuvimos que explicarle que Dios siempre nos oye, y que nosotros podemos aprender a oírlo a Él. Con ejemplos sencillos le ayudamos a identificar la voz de Dios, que habla a nuestro espíritu. Le enseñamos además, que Dios siempre responde, solo que a veces sus respuestas son un «No», o requieren que esperemos un tiempo para verlas.

¡Los niños van a desafiarnos en todo lo que creemos que sabemos de teología, y también nos van a mostrar que lo que decimos acerca de Dios a veces no suena nada lógico para ellos!

Recuerdo cierto día en que mientras íbamos en el automóvil Victoria nos preguntó: «¿Cómo puede Dios vivir en el cielo sin caerse?» Para serte sincera, a mí me tomó varios minutos entender lo que ella realmente estaba preguntando. A su corta edad, ella no conocía aún el concepto de que Dios es espíritu. Ella en su mente veía a Jesús y a Dios con un cuerpo igual que el de ella. Ella también sabía que en el aire nada se puede sostener sin alas, ¡y entonces Dios tendría que estar moviéndolas constantemente para no caerse! Su interpretación de la frase: «Dios vive en el cielo», nos hizo ver que lo que para nosotros era algo claro y normal, para un niño pequeño que no tiene todos los elementos de información no lo era tanto.

Otra buena pregunta que nos hizo un día Victoria fue: «¿Cómo puede Dios vivir en mi corazón, si Él es muy grande?» Tampoco entendimos de inmediato su pregunta. Pero finalmente comprendimos. Ella estaba comparando el tamaño físico de su pecho con lo que ella sabía de Dios. Ella cantaba: «Mi Dios es TAN grande que hizo todo lo creado», pero entonces no tenía lógica que ese mismo Dios tan grande pudiera caber o contenerse dentro de su pequeño corazón físico. ¡Ella tenía toda la razón en no entender! Su pregunta nos mostró que decirle muy pronto a un niño: «Jesús vive en tu corazón» es hacer a Dios bieeeen pequeñito como para que pueda entrar allí. Ese día tuvimos que explicarle a Victoria el concepto de que Él vive *a través de su espíritu* en nosotros. Que su amor invade nuestro corazón, y que cuando decimos «corazón» no nos referimos al órgano que se encuentra al lado izquierdo del pecho y bombea sangre. Victoria tenía razón... es un poco complicado, ¿verdad?

Ten en cuenta que hablar de la fe con tus hijos va a requerir que dediques tiempo para esto

Una de las formas de saber si los niños están comprendiendo bien los conceptos es haciéndoles preguntas como: «¿Qué piensas acerca de lo que estamos hablando/leyendo?» o «¿Cómo le explicarías a un amigo esto que acabamos de aprender?» A su vez, cuando surgen, debemos buscar respuestas honestas y claras para sus cuestionamientos. A veces no va a ser tan fácil pensar en cómo hacer que nuestras respuestas resulten «claras» para ellos. Tal vez en algunas ocasiones necesitemos consultar a los pastores de niños de la iglesia para que nos ayuden con los términos. Y sobre todo, siempre debemos pedirle al Espíritu Santo que nos de la gracia y las palabras adecuadas para poder enseñarles con claridad y verdad a nuestros hijos.

Ten en cuenta también que hablar de la fe con tus hijos va a requerir que dediques tiempo para esto. Nuestras mejores conversaciones con Victoria sobre estos temas fueron en el automóvil (cuando no teníamos ningún aparato electrónico encendido) y a la hora de dormir, cuando compartíamos con ella una lectura de la Biblia. ¡Aprovecha tú también esos y otros momentos para empezar a cultivar los conceptos de fe en tus pequeños!

ELIGIENDO LAS BIBLIAS Y EL MATERIAL ADECUADO

Otro buen consejo que puedo darte en cuanto a la enseñanza de la fe es que elijas las Biblias apropiadas para la edad de tus pequeños. Algunos pasajes de la Biblia no son apropiados para ellos, y por eso estas Biblias infantiles van contando las historias de una manera sencilla para que los niños las puedan disfrutar y entender.

Yo fui maestra de escuela dominical desde que tenía 13 años hasta los 19. Mi iglesia tenía dos sedes en mi ciudad. En la cede principal había muchos salones, así que los niños estaban bien acomodados de acuerdo a sus edades. En la cede nueva, por el contrario, no había suficientes salones ni suficientes maestros, así que el rango de edades para una misma lección iba desde los 3 hasta los 10 años de edad. ¡Allí se desarrollaron mis habilidades de malabarista, payaso, y quién sabe cuántas cosas más para poder mantener a todos estos pequeños tranquilos y «enfocados» en la clase!

Recuerdo que una de las lecciones que me tocó dar, bueno... digamos que no salió del todo bien. La historia era la de Balaam, la que encontramos en Números 22. Esta es la historia de un profeta de Israel que recibe dádivas de un rey extranjero para maldecir a Israel y evitar así que destruyan su reino.

Balaam se encuentra yendo a un lugar, y en una parte del camino se le aparece un ángel con una espada desenvainada, y la burra en la que iba montado Balaam se orilla demasiado en el camino para evitar al ángel, pero al hacer eso lastima la pierna del profeta. Él no estaba viendo al ángel, por lo cual azotaba a la burra para que caminara por el centro del camino. Luego de varios azotes, la burra le habló y le reclamó: «¿Por qué me pegas, si prácticamente te estoy salvando la vida?».

Tanto niños como adultos necesitamos las explicaciones adecuadas, para poder entender el corazón del mensaje y lo que se nos quiere decir detrás de lo que está escrito.

Ahora bien, seamos sinceros: solo con que en la historia la burra hablara, ya era para alarmarse. Pero lo peor es que Balaam ¡discute con el animal! (Yo por mi parte hubiera salido corriendo.) Y bueno... todo iba muy bien en mi clase hasta que llegué a ese punto. La mirada de David, un niño de 8 años, lo decía todo. Él simplemente no me creía. Pero el asunto no quedó ahí. No solo me miraba incrédulamente, sino que empezó a decirle a todos en voz alta: «¡Esa profe sí que es mentirosa! ¿Cómo que un burro va a hablar?» Por más que le dije y le repetí que eso estaba escrito en la Biblia y que no me lo había inventado, no hubo forma de convencerlo de que yo no estaba mintiendo. En ese momento me di cuenta que no todo lo que enseñamos de la Biblia tiene sentido para los niños. Y, para ser honestos, creo que para algunos de nosotros a veces tampoco. Por eso, tanto niños como adultos necesitamos las explicaciones adecuadas, para poder entender el corazón del mensaje y lo que se nos quiere decir detrás de lo que está escrito.

TENIENDO MUCHO CUIDADO AL USAR LA BIBLIA PARA CORREGIR

Es muy común oír a padres que mientras regañan a sus hijos les dicen: «¡La Biblia dice que los mentirosos irán al lago de fuego!». O, lo que es mucho peor, padres que les dicen a sus hijos que el Señor se va a enojar con ellos si hacen algo malo. O que se va a poner furioso y los va a castigar. Eso es manipular a los niños para que tengan miedo de hacer lo malo. Sin embargo, el miedo o el temor nunca han sido el pegamento que nos une al corazón de Dios. Lo único que puede atraernos al corazón de Dios es su amor por nosotros y su deseo de perdonarnos y de transformarnos a su imagen.

Ahora bien, si el miedo o la amenaza no sirven para nosotros los adultos, ¡tampoco van a servir de mucho con los niños! Por el contrario, van a distorsionar la verdad de Dios en sus vidas, ya que es muy probable que en el futuro ellos no quieran estar cerca de un Dios castigador que los está vigilando aun cuando papá y mamá no están.

En el capítulo sobre crianza y disciplina traje el ejemplo de aquella vez en la que quise ser «muy bíblica» con mi hija y le dije: «Victoria, la Biblia dice que te tengo que corregir con vara, y por eso lo hago». Tan pronto vi su carita, me di cuenta del error que había cometido. Entonces ella, con voz de decepción y lágrimas en sus ojos, me dijo: «¿Qué? ¿La Biblia dice eso? ¡Ya no me gusta la Biblia! ¡No puedo creer que algo tan cruel esté en la Biblia!». Ella amaba lo que decía la Biblia, pero por supuesto no podía entender aún el principio de vida de la corrección. ¡Ese principio no era para ella en ese momento! ¡Era para mí como mamá! Yo solo tenía que aplicarlo, y no justificar mi disciplina diciendo «la Biblia dice» como si eso me fuera a dar más autoridad. Yo había escuchado que muchos padres les decían eso a sus hijos y que ellos lo tomaban muy bien, así que quizás fue la edad de mi hija la que no era adecuada para escuchar eso... o simplemente tal vez no sea correcto decírselos. Realmente no lo sé. Lo que sí sé es que en ese momento ella debía entender que parte de mi trabajo como mamá era el de corregirla y disciplinarla, porque la amo y deseo lo mejor para ella. Luego, cuando crezca, ella entenderá que yo honré la Palabra de Dios al corregirla con amor, así como Dios nos corrige a nosotros, sus hijos, con amor.

PROVOCANDO ENCUENTROS CON DIOS

Para que nuestros hijos aprendan a encontrarse con Dios es importante que seamos consistentes en tener tiempos de oración en familia.

Para que nuestros hijos aprendan a encontrarse con Dios es importante que seamos consistentes en tener tiempos de oración en familia. Si hacemos esto, ellos verán que para nosotros es una prioridad pasar tiempo con Dios.

Además, cuando nuestros hijos aún son pequeños, estos deben ser momentos D I V E R T I D O S. ¡Deben ser momentos que ellos quieran volver a repetir! Una buena idea es usar para estos momentos música de alabanza que sea para niños. Hoy en día hay muchísimo material infantil con buena música, incluso la que cantamos los adultos en nuestras reuniones de adoración pero cantada por niños. ¡Eso les gusta mucho! Procura también tener instrumentos como maracas, tambores, panderetas, u otras cosas sencillas que ellos puedan tocar mientras cantan. Baila con ellos mientras alabas, e invítales a disfrutar con todo su ser este momento de expresarle adoración a Dios.

Con respecto a la historia bíblica, esta no tiene por qué ser siempre leída; la pueden ver por televisión o en tu tableta. Nosotros somos socios del Club del Superlibro de CBN y todos los meses recibimos una historia bíblica en caricatura. ¡Nos gusta mucho a todos! En ocasiones hemos terminado todos llorando ante la historia, porque realmente está muy bien hecha y es muy edificante.

Luego, en el momento de las oraciones, modela actitudes tales como levantar las manos a Dios en señal de gratitud, tirarle besos a Dios en señal de amor, o arrodillarte o postrarte en señal de adoración. Recuerda que tus niños te están observando, y tarde o temprano te van a seguir.

A veces, cuando les digamos a nuestros hijos «¡Vamos a orar!» no obtendremos una respuesta muy entusiasta por parte de ellos. Esto no debe desanimarnos, ni es tampoco motivo para regañarlos. Sencillamente, lo vamos a hacer igual. ¡Y la mayoría de las veces terminarán disfrutándolo!

Sé creativa al planear este momento de encuentro con Dios. ¿Qué tal si les llevas unas galletas especiales, o si reservas algo que les guste mucho para compartirlo en ese tiempo? Mi amiga, la pastora Rocío Corson, lleva las gomitas favoritas de su hijo al lugar donde él va a pasar un tiempo con Jesús. Ella dice que es como la zanahoria delante del burro o del caballo. Rocío quiere que su hijo recuerde que sus dulces favoritos se los comió con Jesús, de la misma manera como ella disfruta de su café diario junto a Jesús cada mañana. ¿No es maravillosa la idea? Sin lugar a dudas, «Gomitas con Jesús» es un nombre mucho más divertido para este momento que «Tiempo de devocional», ¿verdad?

En la importante tarea de transferirles la fe a tus hijos, tú, como mamá, debes ser bien determinada e intencional. A diferencia de las otras responsabilidades que una madre debe cumplir con sus hijos, esta es espiritual. Por un lado, eso la hace más importante. Por el otro, eso hace que posiblemente vayas a tener oposición espiritual. Por esto, debes caminar siempre acompañada del poder del Espíritu Santo, y tener la oración y la Palabra de Dios como armas de guerra. Para ayudarte, en el capítulo que sigue te compartiré una guía de oración basada en las Escrituras que cubre muchas áreas de la vida de nuestros pequeños.

Capítulo 10

ORANDO EFICAZMENTE POR TU HIJO

«Y estamos seguros de que él nos escuchará cuando le pidamos algo que esté de acuerdo con su voluntad. Y si sabemos que él nos oye cuando le hablamos y cuando le presentamos nuestras peticiones, podemos estar seguros de que nos contestará.»
1 Juan 5.14-15

La Palabra nos anima a orar porque la oración es lo que conecta lo sobrenatural de Dios con lo natural de nuestras vidas y las de nuestros hijos. Quizá no eres una mujer dada a las oraciones largas (cosa que además, seamos sinceras, se hace muy difícil con niños pequeños a tu alrededor). Con las múltiples ocupaciones que tenemos las mamás, muchas veces nuestras oraciones se limitan a dar gracias a Dios y «encomendar» el día cuando nos levantamos, a darle gracias nuevamente antes de comer los alimentos, y tal vez darle gracias otra vez más antes de por fin acostarnos dormir.

Esto es de lo más común, pero igual de cierto es que cuando nos tocan a nuestros hijos, o cuando nuestros hijos están necesitando una intervención divina en sus vidas, algo sucede con nuestra vida espiritual, ¡y surgen de nuestro corazón las oraciones más desgarradoras y profundas que jamás el cielo haya oído!

Sin embargo, quiero darte un consejo: no esperes a estar en una situación difícil con tus pequeños para iniciar una vida de oración que abra caminos para ellos, que les cubra de todo mal y que de paso les enseñe a cómo es que se pelean verdaderamente las batallas de la vida. ¡Que ellos te vean recurrir a Dios en cada momento y ante cada circunstancia!

ABRIENDO LOS OJOS ESPIRITUALES

La relación con Dios es una relación personal. Jesús vino a abrir el camino para que todos podamos ir al Padre, pero el momento en que eso se hace efectivo es cuando cada uno decide creer y entrar en una relación con Dios.

En el Antiguo Testamento se nos presenta la historia de dos hombres: el profeta Eliseo y su criado. El rey de Siria, quien estaba en guerra con el rey de Israel, estaba frustrado porque el profeta Eliseo le estaba estropeando todos los planes de ataque. El profeta le advertía, de parte de Dios, al rey de Israel los lugares por dónde los sirios iban a atacar, y así el rey de Israel siempre estaba preparado. Esto, por supuesto, le molestaba mucho al rey de Siria. Por esto, una la noche, él envió un gran ejército que rodeó toda la ciudad para capturar al profeta. Cuando el criado del profeta se levantó en la madrugada, se dio cuenta del gran ejército que rodeaba la ciudad, y angustiado le dijo a Eliseo: «Ay, señor mío, ¿qué haremos?». En ese momento Eliseo oró y le pidió a Dios que abriera los ojos de su siervo… y entonces este tuvo la visión de lo que estaba sucediendo a nivel espiritual: el monte estaba lleno de gente a caballo y con carros de fuego rodeándolos a ellos. Luego Eliseo le pidió a Dios que hiriera a los sirios con ceguera, y así el mismo profeta los llevó hasta la capital, Samaria, para entregárselos al rey de Israel. ¡Como yo lo veo, la oración es una invitación a conocer lo invisible!

Tal vez tú tengas muchas preguntas. ¿De qué forma debo orar? ¿Será que debo orar como se me ocurre, o puedo encontrar en alguna parte dirección para orar? Bueno, te comparto un secreto: yo he aprendido que me resulta muy bien orar usando lo que conozco de Dios, es decir, Su Palabra.

Dios siempre respalda lo que dice en Su Palabra.

Dios siempre respalda lo que dice en Su Palabra. Entonces yo, en oración, uso sus versículos y de esta manera me pongo de acuerdo con la verdad de lo que Él dice, y no con lo que yo pueda pensar, desear o sentir para mi vida y para la de mis hijos. Recuerda lo que leemos en la primera carta de Juan: *«Esta es la confianza que tenemos al acercarnos a Dios: que, si pedimos conforme a su voluntad, él nos oye.»* (1 Juan 5.14, NVI)

Yo puedo hacer lo mejor para dejarles buenas enseñanzas a mis hijos, puedo tener un excelente balance en cuanto a la disciplina y el amor, puedo invertir horas en asegurarme de que tengan una sana identidad en todo sentido, pero no puedo llegar hasta el lugar en donde solo Dios puede revelarse, a lo interior de su ser, a su conciencia. La Biblia nos enseña que existe una conversación íntima en donde solo el Espíritu de Dios y el espíritu de mi hijo se encuentran. En donde el Espíritu convence a mi hijo de ser hijo de Dios, y no nieto por el simple hecho de que su mamá es una hija de Dios. Según leemos en Juan 16.8-12, el Espíritu también convence a mi hijo de pecado, porque lo va a redargüir de acciones o pensamientos incorrectos. Lo convence de justicia, para que esto lo haga correr a los brazos de su salvador Jesucristo. Y lo convence de juicio, para que sepa que el cielo ya dio un veredicto a su favor, y en contra del enemigo.

La oración debe ser siempre tu compañía si de verdad deseas llevar adelante con éxito la crianza de tus hijos. A continuación te presento una guía de oración con algunos versículos bíblicos que pueden servirte para cubrir ciertos temas específicos en la vida de tus pequeños...

ORANDO PARA QUE TU HIJO TENGA UNA FE FIRME

La primera meta en la formación de nuestros hijos debería ser que ellos tengan una experiencia personal con Dios. Orar por que ellos estén seguros en su salvación es pedirle a Dios que les dé el único regalo que perdurará para siempre.

Escrituras que puedes usar:

«Pues Dios amó tanto al mundo que dio a su único Hijo, para que todo el que crea en él no se pierda, sino que tenga vida eterna.» (Juan 3.16)

«Padre Celestial, te pido que _______________ confiese con su boca que Jesús es el Señor y crea en su corazón que tú, Dios, lo levantaste de entre los muertos, para que sea salvo. Porque con el corazón creerá para ser justificado/a, pero con la boca confesará para salvación.» (Basado en Romanos 10.9-10, RV60)

ORANDO PARA QUE TU HIJO AME LA PALABRA DE DIOS

Orar para que nuestros hijos amen la Palabra de Dios es asegurarles un futuro de éxito. ¡Hay bendición de parte de Dios para aquellos que conocen y ponen en práctica Su Palabra!

Escrituras que puedes usar:

«Señor, que _________ estudie siempre tu Palabra y que medite en ella de

día y de noche; que cumpla con cuidado todo lo que en allí está escrito. Así prosperará y tendrá éxito.»
(Basado en Josué 1.8)

«Jesús, que _________ haga suyos tus mandamientos y los obedezca porque te ama. Y, porque él/ella te ama a ti, el Padre celestial lo/la amará. ¡Gracias porque prometes darte conocer a su vida!» (Basado en Juan 14.21, NBV)

ORANDO PARA QUE TU HIJO TENGA UN CORAZÓN NOBLE A LA VOZ DE DIOS

Escrituras que puedes usar:

«En vano castigo a mi pueblo, pues rechaza mi corrección.» (Jeremías 2.30, NVI) *Señor, oro para que _________ tenga un corazón noble para atender a tu corrección.*

«Crea en _________, oh Dios, un corazón limpio, y renueva un espíritu recto dentro suyo. No lo/la eches de delante de ti, y no quites de _________ tu Santo Espíritu. Vuélvele el gozo de tu salvación, y espíritu noble le sustente.»
(Basado en Salmos 51.10-12, RV60)

ORANDO POR LOS DONES ESPIRITUALES DE TU HIJO

¡Qué bueno es detectar pronto los dones que el Señor ha puesto en las vidas de nuestros hijos! Los dones son importantes porque tienen que ver con el propósito de Dios para sus vidas. Una ventaja de encontrar temprano los dones que el Señor ha puesto en nuestros hijos es que podemos animarles a usarlos, al decirles cuánto nos bendicen o ayudan cuando los ponen en práctica. ¡Cada niño tiene cosas únicas de parte de Dios, y debemos invitarlos y animarlos a que las hagan crecer y las usen para extender Su reino!

Escrituras que puedes usar:

«Gracias, Señor, porque a _________ le diste un don espiritual para ayudar a los demás.» (Basado en 1 Corintios 12.7, NBV)

«Dios, de tu gran variedad de dones espirituales, le has dado a _________ un don de _________ . Oro para que lo use para servir a los demás, y para que sea fiel administrador/a de este don que tú le has dado.» (Basado en 1 Pedro 4.10, NBV)

ORANDO PARA QUE TU HIJO ENTIENDA SU PROPÓSITO COMO EMBAJADOR DEL REINO DE DIOS

Somos la luz del mundo y somos la sal de la tierra; esa fue la asignación que nos dio el mismísimo Jesucristo. Como mamás, tenemos que transmitirles esta convicción a nuestros hijos. Debemos decirles a nuestros hijos: «¡El mundo necesita a quien fuiste diseñado para ser!» Debemos enseñarles también que todos nuestros dones y recursos existen con el propósito de ser usados para el reino de Dios.

Escrituras que puedes usar:

«Señor, que la luz de _________ brille ante toda la gente. Que las buenas obras que _________ realice brillen de tal manera que la gente te adore a ti, Padre Celestial.»
(Basado en Mateo 5.16, NBV)

«Señor que _________ no se avergüence del evangelio, porque es poder de Dios para salvar a todos los que creen, a los judíos primeramente, pero también a los gentiles.»

(Basado en Romanos 1.16, NVI)

ORANDO PARA QUE TU HIJO TENGA TEMOR DE DIOS

Escrituras que puedes usar:

«Señor, te pido que _________ busque tu voluntad en todo lo que haga, y que le muestres cuál camino tomar. Que no se deje impresionar por su propia sabiduría o prudencia. En cambio, que te tema a ti y que se aleje del mal.» (Basado en Proverbios 3.6-7)

«Señor, oro para que mi hija _________ entienda que el encanto es engañoso, y que la belleza no perdura, pero que la mujer que teme al Señor será sumamente alabada.»
(Basado en Proverbios 31:30)

ORANDO POR SABIDURÍA Y DISCERNIMIENTO PARA TU HIJO

Escrituras que puedes usar:

«Si a alguno de ustedes le falta sabiduría, pídasela a Dios. Él se la dará, porque Dios da a todos en abundancia sin hacer ningún reproche.»
(Santiago 1.5, NBV)

«Señor, te pido que le des a _________ pleno conocimiento de Tu voluntad, y que le concedas sabiduría y comprensión espiritual. Que la forma en que viva siempre te honre y te agrade, y que su vida produzca toda clase de buenos frutos. Que _________ crezca a medida que aprende a conocerte más y más a ti, oh Dios.» (Basado
en Colosenses 1.9-10,)

ORANDO PORQUE TU HIJO TENGA AUTOCONTROL, DILIGENCIA, EXCELENCIA Y DISCIPLINA

Escrituras que puedes usar:

«Señor, te pido que mi hijo/a ________ se presente en todo como ejemplo de buenas obras; en la enseñanza mostrando integridad, seriedad, palabra sana e irreprochable, de modo que el adversario se avergüence, y no tenga nada malo que decir de él/ella.» (Basado en Tito 2.7-8, RV60)

«Señor te pido que ________ haga todo sin quejarse y sin discutir, para que nadie pueda criticarlo/a. Que lleve una vida limpia e inocente como corresponde a hijos de Dios y brille como luces radiantes en un mundo lleno de gente perversa y corrupta.» (Basado en Filipenses 2.14-15,)

«Señor, te pido que ________ sea realmente hábil en su trabajo. Te pido que sea excelente, y que sirva a los reyes en lugar de trabajar para la gente común.» (Basado en Proverbios 22.29)

ORANDO POR PROTECCIÓN PARA TU HIJO

Escrituras que puedes usar:

«Levántense durante la noche y clamen. Desahoguen el corazón como agua delante del Señor. Levanten a él sus manos en oración, y rueguen por sus hijos...» (Lamentaciones 2.19)

«Señor, yo te pido que mi hijo/a ________ se refugie en ti y se alegre. ¡Que cante alegres alabanzas por siempre! Cúbrelo/a Señor con tu protección, para que por amar tu nombre esté lleno/a de alegría. Bendice a ________, oh Señor, y rodéalo/a con tu escudo de amor.» (Basado en Salmos 5.11-12)

ORANDO POR LA SALUD DE TU HIJO

Escrituras que puedes usar:

«Señor, te ruego que _________ no se deje impresionar por su propia sabiduría, sino que, en cambio, te tema a ti y se aparte del mal. Señor, te pido que el hacer esto sea medicina a su cuerpo y refrigerio par sus huesos.» (Basado en Proverbios 3.7-8)

«Señor Jesús, yo declaro que en tu cuerpo llevaste al madero los pecados de mi hijo/a _________, para que muera al pecado y viva para la justicia. Declaro que por tus heridas, Señor Jesús, _________ ha sido sanado/a.» (Basado en 1 Pedro 2.24, NVI)

«¡Señor, tu fuerte brazo derecho se levanta triunfante! ¡Tu fuerte brazo derecho ha hecho proezas gloriosas! ¡Yo declaro ahora que mi hijo/a _________ no morirá, sino que vivirá para contar lo que tú, Señor, has hecho!» (Basado en Salmos 118.16-17)

ORANDO CONTRA TODO ACCIDENTE

Escrituras que puedes usar:

«Señor, te pido que el socorro de mi hijo/a _________ venga de ti. Te pido que no des su pie al resbaladero. ¡Gracias, Señor, porque sé que tú no te adormeces ni te duermes cuando guardas a mi hijo/a _________! Señor, sé tú el guardador de mi hijo/a _________. Guarda su alma. Guarda a mi hijo/a de todo mal. Guarda la salida y la entrada de _________ desde ahora y para siempre.» (Basado en Salmos 121, RV60)

ORANDO CONTRA TODA MALDAD DEL MOMENTO

El mundo está lleno de maldad y perversión que atentan contra nuestros hijos. ¡Verdaderamente necesitamos que la protección de Dios esté sobre ellos!

Escrituras que puedes usar:

«Yo declaro que tú, Señor, eres el refugio de mi hijo/a _________ ; tú lo/ la protegerás del peligro y lo/la rodearás con cánticos de liberación.» (Basado en Salmos 32.7, NVI)

ORANDO POR PROTECCIÓN ESPIRITUAL PARA TU HIJO

Escrituras que puedes usar:

«Señor, yo te pido que mi hijo/a _________ comprenda que no luchamos contra enemigos de carne y hueso, sino contra gobernadores malignos y autoridades del mundo invisible, contra fuerzas poderosas de este mundo tenebroso y contra espíritus malignos de los lugares celestiales. Te pido que él/ella se ponga toda la armadura espiritual que tú le has provisto, para poder mantenerse firme contra todas las estrategias del diablo. Oro, Señor, para que _________ se ponga todas las piezas de la armadura que tú le has dado, para que pueda resistir al enemigo en el tiempo del mal. Y para que así, después de la batalla, mi hijo/a _________ todavía siga de pie, firme.» (Basado en Efesios 6.11-13)

ORANDO POR PROTECCIÓN PARA TU HIJO DE LAS PERSONAS INCORRECTAS

Existen personas que se acercaran a nuestros hijos, quizás no con las mejores intenciones. Por ejemplo, tan pronto como entren en la secundaria o el bachillerato, de seguro habrá compañeros con intenciones de introducirlos en las drogas o en pandillas. También desde más pequeños pueden ser víctimas de celos o envidia, o simplemente de compañeros que no desean lo mejor para ellos. Como madres, es nuestra responsabilidad cubrirlos en oración también en estas áreas.

Escrituras que puedes usar:

«El Señor está conmigo, y no tengo miedo; ¿qué me puede hacer un simple mortal?» (Salmo 118.6, NVI)

«Yo declaro que ningún arma que se forje contra _________ prevalecerá, y que toda lengua que le acuse será refutada, porque esta es la herencia de los siervos del Señor, la justicia que de Él procede.» (Basado en Isaías 54.17, NVI)

ORANDO POR PROTECCIÓN EN GENERAL

Escrituras que puedes usar:

«Señor, yo te pido que mi hijo/a _________ viva a tu abrigo y descanse bajo tu sombra. Que él/ella pueda decirte: "Tú eres mi refugio y en ti estoy seguro; eres mi Dios, y en ti confío". Señor, te pido que libres a mi hijo/a _________ de todas las trampas, y lo/la protejas de plagas mortales. Te pido que lo/la cubras con tus plumas, y que bajo tus alas encuentre refugio. ¡Que tus fieles promesas sean su armadura y protección! Te pido que _________ no tenga que temer al terror de la noche, ni asustarse por los peligros del día, ni atemorizarse por las plagas que se ocultan en las tinieblas ni por los desastres del mediodía. Yo declaro que podrán caer mil al lado suyo, y al otro lado diez mil casi muertos, pero que a _________ el mal no lo/la tocará. Declaro que mi hijo/a _________ podrá ver como tú castigas a los malvados, y te pido que él/ella haga de ti, Señor, su refugio y su protección, para que ningún mal lo/la domine y ninguna calamidad llegue a su hogar. Porque tú, oh Señor, ordenarás a tus ángeles que lo/la protejan por dondequiera que _________ vaya. Lo/la sostendrán con sus manos y evitarán que tropiece con las piedras del camino, y él/ella pisoteará al león y a la serpiente venenosa, y aplastará a leones feroces y víboras bajo

sus pies. Señor, yo te pido que por cuanto _________ te ama, tú lo/la libres. Que lo/la protejas, porque confía en tu nombre. Gracias porque yo sé que cuando _________ te llame, tú Señor le responderás. Estarás con él/ella en la angustia, lo/la librarás y lo/la honrarás. Le darás muchos años de vida, y le darás tu salvación.»
(Basado en Salmos 91.1-16, NBV)

ORANDO POR TU HIJO Y SU RELACIÓN CON SUS AMIGOS

Escrituras que puedes usar:

«Como el hierro se afila con hierro, así un amigo se afila con su amigo.»
(Proverbios 27.17)

«Camina con sabios y te harás sabio; júntate con necios y te meterás en dificultades.» (Proverbios 13.20)

«¡Señor, por favor, ayuda a mi hijo _________ a tener discernimiento al escoger sus amigos, y ayúdame a mí como mamá a saber protegerlo y a enseñarle a apartarse de amistades que lo metan en problemas!»

ORANDO POR TU HIJO Y SU RELACIÓN CON SUS PROFESORES, PASTORES, Y OTRAS AUTORIDADES

Escrituras que puedes usar:

*«Señor, yo te pido que por amor a ti mi hijo/a _________
se someta a toda autoridad humana, y que viva una vida honorable.
Que _________ no use su libertad como una excusa para hacer el mal, sino que sepa que él/ella es libre pero, a la vez, es esclavo/a tuyo/a. Señor, yo te pido que _________ respete a todos,
y que ame a la familia de creyentes. Que te tema a ti, oh Dios,
y que respete a las autoridades.»* (Basado en 1 Pedro 2:13-17)

«Padre Celestial, yo te pido que mi hijo/a _______ obedezca a sus pastores y se sujete a ellos, porque ellos velan por su alma como quienes han de dar cuenta.» (Basado en Hebreos 13.17, RV60)

ORANDO POR LA RELACIÓN ENTRE HERMANOS

Escrituras que puedes usar:

«¡Qué maravilloso y agradable es cuando los hermanos conviven en armonía! (…) La armonía es tan refrescante como el rocío del monte Hermón que cae sobre las montañas de Sión. Y allí el Señor ha pronunciado su bendición, incluso la vida eterna.» (Salmos 133.1,3) *«¡Señor, yo te pido que tú pongas esa armonía en mi hogar!»*

«Señor, yo te pido que mis hijos sean amables unos con otros, que tengan buen corazón, y que se perdonen entre ellos, tal como tú, Señor, los has perdonado a ellos por medio de Cristo.» (Basado en Efesios 4.32)

ORANDO POR LA VOCACIÓN QUE TU HIJO VA A ELEGIR

Tal vez tú puedas pensar que es muy pronto para orar por ciertos temas del futuro de tus hijos, pero la verdad es que con tu oración estarás abriendo camino para que esos planes que el Señor trazó para tus hijos se cumplan en el tiempo perfecto para sus vidas.

En lo que hace a la vocación, quizás tú ya notes alguna inclinación en ellos. Ora pidiendo que el Señor les dirija y que desde ahora empiecen a adquirir conocimientos que les lleven a la excelencia cuando sean grandes.

Escrituras que puedes usar:

«Desde el principio del mundo, ningún oído ha escuchado, ni ojo ha visto a un Dios como tú, quien actúa a favor de los que esperan en él.» (Isaías 64.4)

«¡Pues el SEÑOR concede sabiduría! De su boca provienen el saber y el entendimiento.» (Proverbios 2.6)

ORANDO POR SU FUTURO CÓNYUGE

Siempre recuerdo la oración que mi mamá hacía a diario por nuestros futuros cónyuges (el de mis hermanos y el mío). Era bien sencilla:

«Señor, te pido por la persona que vas a traer a la vida de mis hijos. Que sea en tu tiempo agradable y perfecto. Pon Señor, temor y temblor a toda persona que se acerque con malas intenciones a ellos.»

Hoy puedo dar testimonio de cómo esa oración me guardó, ¡aun en contra de mi voluntad! Recuerdo a un chico en la universidad que era muy carismático y atractivo. No estábamos en la misma facultad, pero él era un líder estudiantil y constantemente lo veía en diferentes actividades, y me daba cuenta que le atraía. Sin embardo, nunca se atrevió ni a saludarme. Un año después, ya él se había graduado pero me hice amiga de un amigo de él. Y mi amigo me contó que yo en verdad le gustaba a ese chico, pero que no se había atrevido ni a saludarme ¡porque le daba mucho miedo! Inmediatamente retumbó en mi cabeza la oración de mi mamá, y me dije: «¡Con razón! ¡Me espantó al chico!». Pero gracias a Dios por eso, porque su protección guardó mi vida y me preservó para mi amado esposo.

Escrituras que puedes usar:

«El hombre que halla esposa encuentra un tesoro, y recibe el favor del Señor.» (Proverbios 18.22) *«Señor, yo te pido que mi hijo _________ reciba tu favor, y que tú elijas para él una esposa que sea verdaderamente un tesoro para su vida.»*

«El Espíritu del Señor reposará sobre él: el Espíritu de sabiduría y de entendimiento, el Espíritu de consejo y de poder, el Espíritu de conocimiento y de temor del Señor.» (Isaías 11.2) *«Señor, yo te pido para mi hija _________ un esposo que tenga el mismo espíritu de Cristo.»*

Si deseas tener más versículos para orar, te recomiendo el libro de Jodie Berndt *«Ora las Escrituras por tus hijos»*. No solo aporta muchas citas bíblicas que pueden resultarte útiles, sino que contiene información valiosa sobre cada área de oración.

Capítulo 11

SOLO PARA MAMÁS SOLTERAS

**«Padre de los huérfanos
y defensor de las viudas es Dios
en su morada santa.»
Salmo 68.5**

Este capítulo es muy especial para mí porque aunque no tengo la experiencia de ser mamá soltera, sí vengo de un hogar en donde, a raíz de la separación de mis padres, mi mamá tomó toda la responsabilidad de criarnos a mis dos hermanos y a mí. En ese entonces mi hermano mayor tenía 10 años, yo 8, y el menor 1 año y medio. Hoy puedo decir que su trabajo fue excelente, porque la Palabra de Dios dice que *«por sus frutos los conoceréis»*, y nosotros, que somos sus frutos, los tres estamos involucrados a tiempo completo en el ministerio.

¡Quiero animarte a ti, mamá, que estás aparentemente sola en esta ardua tarea, a creer que con la ayuda de tu Señor vas a hacer la tarea muy bien, y que al final serás recompensada!

EL SEÑOR ES EL FUNDAMENTO EN NUESTRAS VIDAS

El hogar en el que nací no estaba fundamentado en los principios cristianos. Mi papá era un hombre exitoso en sus negocios, guapo, y con un carisma único. Mi mamá era más joven que él, hermosa, y bastante dedicada al hogar y también a algunos de
los negocios. Después de 12 años de estar juntos ella se dio cuenta de algunas infidelidades de mi papá y, por dignidad, no aceptó
esa situación.

Ese último año, que fue en realidad cuando ella descubrió la infidelidad de mi padre, planeó muy cuidadosamente y en silencio la decisión que iba a tomar. Se preparó una casa, que le había regalado mi padre, y planeó su sustento con una renta de otra casa que él también le había dado y con un trabajo de transporte escolar. Así que una mañana, mi hermano y yo salimos al colegio desde una casa, pero cuando regresamos del colegio notamos que la ruta había cambiado... y llegamos a una casa nueva. Una casa con nuestras cosas, pero sin papá.

Aunque éramos pequeños, sabíamos lo que venía sucediendo en nuestro hogar. En esos últimos meses la situación había sido tensa, y aunque papá y mamá resolvían sus asuntos en privado, nosotros lográbamos entender lo que pasaba.

Esa tarde, mi mamá nos dijo que ahora teníamos esta nueva casa, y que ella procuraría que fuera un lugar de paz para nosotros.

Entendimos muy bien la situación. Sin embargo, es un luto que se lleva en el corazón tanto de los adultos como de los niños. De la mañana a la tarde había «perdido» a mi padre, ya que aunque él estaba vivo, la separación hizo que estuviéramos por varios meses sin verlo.

¡Qué precios más altos pagan los hijos cuando los adultos no pueden vivir en respeto y armonía! Y también, **¡qué duro es**

cuando uno solo tiene que tomar la responsabilidad del hogar, siendo que los llamados a sostener la familia fueron dos!

Lloré a mi padre durante muchos meses. Yo estudiaba en un colegio católico, y en los tiempos de recreo no quería ir a jugar… en cambio, me iba a la capilla a orar, y a pedirle ayuda a ese Dios que hasta el momento solo conocía por lo que el colegio me había enseñado.

No sé cómo se enteró la madre superiora que yo iba todos los días, pero un día ella me esperó en ese lugar. Fue un ángel para mí. Sin preguntarme nada, me cargó sobre sus piernas y oró conmigo. Yo tan solo lloré y le conté lo triste que estaba. Ella tan solo oró. Ese fue el último día que visité la capilla durante el recreo. No entendía cómo, pero sabía que el Señor estaba con nosotros y que íbamos a estar bien.

La misericordia de Dios y sus planes son tan grandes que justo unos meses antes de que mi mamá tomara la decisión de separase, una cuñada, durante una visita, le había compartido del Evangelio. Al enterarse mi papá del interés de mi mamá por las cosas del Señor, le dijo que debía escoger entre Dios y él…

Luego de la separación, y con mi mamá ya como única autoridad del hogar, ella se dio a la búsqueda de una vida espiritual para todos nosotros. Comenzamos yendo los jueves a los grupos de oración de la iglesia carismática católica, y al poco tiempo llegamos a una iglesia de las Asambleas de Dios que se congregaba en ese entonces en una casa grande y bonita. Esa fue nuestra casa espiritual por muchos años.

Como familia, sabíamos que ya no estábamos solos, y empezamos a crecer en el conocimiento de la Palabra de Dios y a hacerla viva en nosotros. Fueron dos los versículos que más usamos en ese tiempo, y sobre los cuales descansábamos:

«Padre de los huérfanos y defensor de las viudas es Dios en su morada santa.» **(Salmo 68.5, NVI)**

«Joven fui, y he envejecido, Y no he visto justo desamparado, Ni su descendencia que mendigue pan.» **(Salmos 37.25, RV60)**

Aunque mi padre vivía, nos dimos cuenta de que dependíamos 100% de Dios. Ya no teníamos la presencia física de mi padre, y durante un tiempo no tuvimos tampoco su soporte financiero. Por eso, hicimos realidad estos versículos en nuestras vidas. Si yo quisiera contarte TODO lo que el Señor obró a nuestro favor, cómo nos sanó, como proveyó, como nos instruyó... ¡necesitaría escribir otro libro!

TODO HIJO NECESITA UN PADRE

Es importante que cualquiera que haya sido tu experiencia con tu esposo, tengas mucha sabiduría para no soltar tu amargura, enojo, o frustración, hablándoles mal de él a tus hijos.

Mi mamá fue siempre prudente y nunca nos habló mal de papá. Solo sabíamos lo que pasaba porque, aunque discutían en privado, en varias ocasiones oímos lo que decían y vimos ciertas cosas.

No te estoy diciendo que tengas que ocultarles la verdad. Es necesario que tus hijos sepan la verdad como es, como un hecho, pero no como una constante mención de sus errores con el tono emocional del que tú estés cargada. Es normal en cualquier pleito o discusión que queramos que los demás se pongan «de nuestro lado», pero ahora tú eres la guardiana de tu propio corazón y, lo más importante, del corazón de tus hijos.

Cuando un niño tiene una mala imagen de su padre, ya sea porque lo vivió o porque se lo cuentan repetidas veces, ese niño va tener dificultades a la hora de acercarse a Dios como su Padre. Puede entender que Dios es todopoderoso, que tiene misericordia, y quizás incluso que es bueno, pero le va a costar mucho verlo como su Padre. La consecuencia es que seguramente este niño (y, más tarde, este adulto) va a lidiar un espíritu de orfandad. Es decir, será una persona que todo se lo tiene que ganar, y todo lo tiene que pelear. Otra consecuencia muy común es que esté constantemente lidiando con sentimientos de celos y envidia. Un hijo con una mala o poca relación con su padre lidiará también con su identidad; con cómo se percibe a sí mismo y, por lo tanto, cómo se siente al respecto. En el fondo, va a vivir su vida lidiando con la pregunta de si realmente Dios le ama como hijo, y preguntándose también cómo es verdaderamente un padre.

Cuando Jesucristo vino a la tierra, su propósito al venir, aparte de salvarnos de nuestros pecados, fue darnos el camino hacia el corazón del Padre.

Cuando Jesucristo vino a la tierra, él dijo de sí mismo: *«Yo soy el camino, y la verdad, y la vida; nadie viene al Padre, sino por mí.»* (Juan 14.6, RV60). Su propósito al venir, aparte de salvarnos de nuestros pecados, fue darnos el camino hacia el corazón del Padre. Los judíos se maravillaban, y hasta se enojaban, cuando lo oían referirse a Dios como su Padre. Sin embargo, Jesús mismo les enseñó a sus discípulos a hablar con Dios como Padre: *«Padre nuestro que estás en el cielo...»*

La buena noticia, entonces, es que se puede restaurar la identidad y la sanidad emocional de nuestros hijos cuando se conectan con su Padre Celestial. Pero debes saber que esto es posible solo cuando pueden perdonar cualquier acción negativa de su padre hacia ellos o hacia ti.

En mi experiencia personal de empezar a reemplazar a mi padre ausente por mi Padre Celestial, una noche, alrededor de un año después de la separación, extrañando a mi papá, yo oré a Dios de la siguiente forma: «Señor, tú dices que te llamas Padre. Cuando yo vivía con mi papá, él era quien me levantaba todas las madrugadas. Yo deseo que te manifiestes a mi vida como Padre y quiero que seas tú el que me despierte en la mañana así como lo hacía él». Luego de orar, no puse el despertador. A la hora que tenía que despertarme, oí claramente una voz que me dijo: «GLORIANA». Fue tan clara y contundente que me desperté en seguida. Me quedé asombrada, y le pregunté: «¿fuiste tú, Señor?», aunque en seguida me di cuenta de lo obvia que era la respuesta. ¡Pues claro, ¿quién más iba a ser?!

¡Ese día le di tantas gracias al Señor por haberme contestado! ¡Fue tan hermoso de parte de Dios el regalarme esa experiencia, que realmente me marcó para siempre! ¡Nunca más dudé que tengo un Dios que oye mis anhelos y desea manifestarse como mi Padre!

Tan solo tenía 9 años cuando viví esa experiencia. A partir de ese momento, comencé a disfrutar mucho la relación como hija de mi Padre Dios. Supe que me amaba, que me cuidaba, que me corregía... y lo sigue haciendo. Con ternura y firmeza, su mano nunca se pondrá en contra mía. Estoy en su radar, no espabila ni se duerme, estoy segura en El.

La presencia del Señor como padre también se hizo evidente en momentos claves de mi adolescencia y juventud. Aún años después, estando ya casada, me impactó leer el libro de la Dra. Meg Meeker llamado *«Padres fuertes, hijas felices»* que te recomendé en el capítulo de sexualidad. Aunque el libro no está escrito para las hijas sino para los padres, al leerlo descubrí lo importante que es la presencia de un padre en la vida de una hija. ¡Y el Señor utilizó ese libro para terminar de sanar algunos temas en mi vida que entendí recién en ese momento, mientras lo leía!

La Dra. Meeker fue por muchos años la presidente de la Asociación de Psicólogos de los Estados Unidos. Ha sido consejera durante más de 25 años de miles de mujeres en edades que van desde los 12 hasta los 24 años. Y en este libro ella identificó la diferencia entre aquellas chicas que tenían padres presentes en sus vidas, y las que tenían padres ausentes (o padres presentes pero ejerciendo una mala paternidad).

Dios habla como un Padre a nuestras vidas, pronunciando palabras de afirmación que sanan y restauran el alma.

La presencia de un buen padre en la vida de una niña o adolescente la ayuda con su autoestima, con la forma de comunicarse con el sexo opuesto, previene la promiscuidad, le da seguridad en sí misma, y le enseña acerca del pragmatismo masculino (en otras palabras, a controlar el drama), entre otros aportes valiosos.

Al examinar mi vida a la luz de esta realidad, recordé algunos de los sentimientos con los que había vivido por muchos años, mis temores, y algunos pensamientos negativos con los que aún lidiaba. Y en ese momento de crisis y de nuevo duelo por lo que no había recibido de mi padre, el Espíritu Santo me recordó cada versículo a través de toda la Biblia en donde Dios habla como un Padre a nuestras vidas, pronunciando palabras de afirmación que sanan y restauran el alma. ¡Bendito momento de libertad! ¡Definitivamente tenemos un Dios cercano!

***«El Señor está cerca de quienes lo invocan, de quienes lo invocan en verdad.»* (Salmo 145.18, NVI)**

¡Amén!

GUÍA A TUS HIJOS EN ORACIÓN HACIA LA MISERICORDIA Y VERDAD

A partir del momento en que nos convertimos, mi madre decidió ir en serio con el Señor. Ella estableció que todas las noches, a las 7 de la noche, tendríamos un tiempo de oración en familia. Orábamos primero el Salmo 91, y luego cada uno tenía su tiempo de oración, incluyendo al menor de mis hermanos, que en ese entonces tenía tan solo dos años de edad pero igual participaba activamente de la oración. Los motivos principales de oración eran que mi padre conociera al Señor, más la petición específica del momento. Por casi 8 años estuvimos en intercesión por la vida de mi padre. Y a medida que orábamos a favor de él, la misericordia del Señor hacia él inundó nuestros corazones, y entendimos que parte del comportamiento equivocado de él era por falta de conocer al Señor. Años después, mi mamá le compartió el mensaje del Evangelio a mi papá, y él abrió su corazón, entregando su vida al Señor. Pero aunque esto no hubiera sucedido nunca, lo más importante es que, mientras orábamos por él, el Señor había cambiado nuestros corazones y nuestra forma de mirarlo.

Cierta vez, una madre soltera me preguntó: «¿Y qué si el papá de mi hijo, siendo pastor, nos abandonó y formó otro hogar? ¿Cómo le explico eso a mi hijo?» Pues creo que de la misma manera. Aunque la persona haya tenido un título de pastor, o de apóstol, la realidad es que TODOS necesitamos vivir en comunión con el Señor y con el Espíritu Santo para no caer en tentación. Evidentemente, esta persona no estaba viviendo esa comunión cuando tomó aquella mala decisión, y esa es la explicación que puedes darle a tu hijo si tu caso es parecido al de esta mamá. Jesús enseña que cuando mantenemos una vida de comunión con Dios, vencemos la tentación, y que ocurre lo opuesto cuando, en lo íntimo, abandonamos nuestra devoción a Dios.

Invita a tu hijo a orar por su padre y a perdonarlo en oración, así como nosotros somos perdonados.

Y, de cualquier manera, sea cual sea el caso de tu expareja, invita a tu hijo a orar por su padre y a perdonarlo en oración, así como nosotros somos perdonados. Te garantizo que esto le ayudará a vivir sin cargas extras en su vida.

GUARDA TU CORAZÓN

Las mamás solteras, como todo ser humano, tienen necesidades emocionales, batallan con sentimientos de soledad, y anhelan compartir su vida con alguien más. Sin embargo, a diferencia de otras mujeres solteras, tú eres ahora una mamá, y cualquier decisión que tomes al relacionarte emocionalmente con alguien va a afectar de manera positiva o negativa a tus hijos.

Es posible que pienses: «Bueno, pero yo también tengo derecho a rehacer mi vida». Seguro que lo tienes, pero ten mucho cuidado con abrir demasiado rápido las puertas de tu casa y de tu corazón, porque puedes afectar a lo que más amas.

Algunos consejos que te puedo dar al respecto son:

Se tú la primera en contarles a tus hijos

Si alguien te está pretendiendo, mantén la cuestión lo más privada posible hasta que te asegures de que puedes pasar a otro nivel con esa persona, y entonces sí contárselo a tu hijos.

Ten en cuenta que tus hijos muy probablemente solo te tienen a ti. Ellos van a sentir temor con la llegada de esta persona, porque ahora tendrán que compartirte. Antes, tú eras solo para ellos. El enemigo trabajará también en sus mentes para poner mentiras y atemorizarlos. Quizás ellos piensen: «Ahora mamá no nos va a amar como antes; vamos a pasar a un segundo plano». Tómate un tiempo para conversar con ellos en privado sobre esto, incluso *antes* de que llegue alguien nuevo a tu vida. Afírmales tu gran amor por ellos, y asegúrales que nadie va a competir jamás con ese amor.

Cuídate de las redes sociales

Es cierto que las redes sociales son de mucha utilidad y que ayudan a conectarse con personas que están lejos o que quizás no has visto en mucho tiempo. También pueden ayudar a publicitar y comercializar lo que hacemos o vendemos. Sin embargo, existe un gran riesgo al usarlas. El «remedio» para la soledad, puede convertirse en el «veneno» de esta.

Ya hay muchos estudios sobre el comportamiento humano y el efecto del uso de las redes sociales en las personas. Puedes buscarlos para verlos en detalle si así lo deseas, pero déjame ahorrarte algo de tiempo y decirte lo siguiente: ¡de todos ellos se desprende que debes ser realmente cuidadosa con esto!

Por citarte un caso, el Centro de Investigación de Medios, Tecnología y Salud de la Universidad de Pittsburgh evaluó a 1.787 adultos de entre 19 y 32 años, y observaron que:

- Los participantes invertían en promedio unos 60 minutos al día en redes sociales.

- El sentimiento de «perder el tiempo» después de estar en las redes, derivaba en un estado ánimo de negatividad.

- Existía una relación directa entre el uso de las redes y la depresión y la ansiedad. Las personas con mayor tiempo de interacción tenían 2.7 veces más riesgo de sufrir depresión que aquellos con menos tiempo de interacción.

- Aparecían sentimientos de envidia ante las representaciones *idealizadas* de los amigos. (Tú estás siempre en desventaja con las redes, ya que te presentan la «mejor foto» de otros, versus tu «peor» momento.)

- Las personas tenían ideas distorsionadas sobre la felicidad.

Por todo esto, ¡cuídate! Aquí van algunas ideas para hacerlo:

- Delimita el tiempo que inviertes en las redes sociales. Pon una alarma fijando el tiempo que deseas asignarle a esto, y respétala.

- Escoge muy bien qué plataformas funcionan para ti.

- Escoge a quien sigues. Busca personas que te inspiren a ser mejor en las áreas que te interesan, y no personas que te dejen con malos sentimientos al final.

- No caigas en la trampa de hacer lo mismo que los demás, poniendo toda tu vida en manos del público. Cuida tu privacidad.

- No vivas una vida virtual falsa. ¡Renuncia a eso!

Dile NO a los "mientras tanto"

Ten mucho cuidado con exponerte a relaciones que sabes que no van para ningún lado. Esta es una trampa, y una vez que abres la puerta, luego cuesta salir.

Algunos ejemplos de estas relaciones son:

- Personas casadas.

- Personas con las cuales no quieres llegar a un compromiso matrimonial pero, mientras tanto... te divierten o sacian tus necesidades de soledad. ¡Cuidado!

- Relaciones virtuales que ofrecen chats sexuales, o video-chats de este tipo.

- Pornografía y auto-complacencia.

Si ya te encuentras atrapada en alguna de estas relaciones, ¡busca ayuda pronto! Pero ten presente que esta ayuda debe ser de alguien que tenga las herramientas necesarias para ayudarte, y que a la vez mantenga tu privacidad. Pide refuerzo de oración, ¡y no te rindas hasta que rompas con eso en tu vida!

Antes de despedirnos, mamá, quiero bendecirte. Oro para que el Señor sea tu fuente de vida. Oro para que toda tu ansiedad la deposites en Él, y para que sepas que no tienes que cargar toda la responsabilidad tú sola, porque Él te invita a caminar a su lado y promete llevar la parte pesada de la carga. Oro para que en tu familia veas a Dios mostrándose como el Señor de tu casa, como el guardador, el protector, y el proveedor. Oro para que tus hijos lo vean como su verdadero Padre, y para que tengan una herencia de fe que nadie les pueda robar.

Yo y cada uno de mis hermanos podemos decir que fueron esos momentos de dificultad los que nos enseñaron a clamar y a conocer a un Dios vivo y real. ¡Qué lo mismo suceda con tu familia!

Suscripción de materiales premium para iglesias

Recursos gratis

Tienda con envíos internacionales

Chat en tiempo real

Revista Líder 6.25

FAMILIAS + IGLESIAS
SANAS FUERTES

PASTORES

NIÑOS

INSTITUTO e625

Educación online
www.institutoe625.com

Eventos de actualización ministerial

Seminarios para iglesias locales

Libros Online

e625.com
TE AYUDA
TODO EL AÑO